집을 생각하다

한 그루의 나무가 모여 푸른 숲을 이루듯이
청림의 책들은 삶을 풍요롭게 합니다.

사 람 이 · 행 복 한 · 지 속 가 능 한 · 집 에 · 대 한 · 통 찰

집을 생각하다

최명철(단우건축 대표) 지음

청림Life

프롤로그

건축학개론의 첫 번째 과제는 나의 집 그리기입니다.
줄자를 가지고 이곳저곳 치수를 재면서 모눈종이 위에 그리다 보면 익숙한 내 집인데도 어느 순간 신기해 보입니다. 매일매일 살고 있는 공간이지만 2차원 평면도 속은 여러 사람들과 나눈 세월과 기억들이 겹치면서 또 다른 세계가 펼쳐집니다. 마치 어린 시절 뛰놀던 동네인데도 아버지 서랍 속의 군사용 지도를 들여다보며 보물찾기에 나선 톰소여라도 된 듯이 말입니다. 한 번쯤 자기 집을 그려보십시오. 나의 집에 대한 생각이 새로워질 것입니다. 이처럼 2차원 도면 속에서 3차원, 4차원의 정경들을 그려내는 동안 저는 건축의 길에 빠져들었고 이때부터 집으로 향한 긴 여행이 시작되었습니다.

1970, 1980년대 우리나라 건축 공부의 대부분은 서양건축이었습니다.
요즘은 흔한 철과 콘크리트, 유리 등으로 대표되는 근대주의 모더니즘modernism과 3대 거장들의 주택작품르 꼬르뷔지에의 '빌라 사브아', 미스 반 데 로에의 '판스워드 하우스', 프랭크 로이드 라이트의 '낙수장'은 이 당시 최고의 교본이었습니다. 하지만 공부하면 할수록 공허하게 느껴졌고, 그 원인은 실상 이들이 나홀로 집이란 사실이었습니다. 다시 말해 주변이 텅 비워져 있는 저 푸른 초원 위나 전원의 숲속 또는 산기슭 계곡 안에 자리 잡은, 보통 사람들은 가보기도 힘들고 가지기도 어려운 저택들이었습니다.
도시에서 태어나 도시에서 생활하는 저로서는 이러한 주택작품들에 흥미를 잃었고 마주하며 더불어 살아가야 하는 도시 안의 집들이 제 건축 공부의 주제가 되었습니다. 유학을 포기하고 뒤늦게 들어간 대학원에서는 그동안 관심을 가졌던 도시조직urban morphology과 집합주택housing을 공부하였고, 그 연장선상에서 「도심지 복합주거 설계」

라는 최초의 설계형 논문을 제출하였습니다. 최근에 단지형 고층 아파트의 대안으로 주목 받고 있는 가로주택(유럽도시에서 많이 볼 수 있는 저층형 상가 아파트) 유형입니다.

우리나라 1990년대는 격동의 아파트 시대였습니다.
고도의 경제성장으로 도시로의 인구 이동은 급격하게 늘었고, 이에 따라 필요해진 다량의 주택 문제를 빠르고 손쉬운 아파트 건설로 해결하게 됩니다. 해외에서도 놀랐던 5대 신도시나 200만 호 건설 등은 국가 주도로 완성되었고, 이 시절 프랑스 도시학자 발레리 쥴레죠의 「아파트 공화국」이라는 조롱 섞인 논문에 의해 외국에 소개되기도 했습니다. 도시 주거나 다양한 집에 대한 논쟁들은 무의미해졌고 유명 건축가일수록 아파트 설계를 기피하게 되는 우스꽝스런 시절이었습니다. 그나마 IMF 이후 부동산 거품에 대한 반성이 있었고, 양식 있는 학자나 공무원들이 나서서 도시 주거지역을 체계 있게 재편하려 노력하였습니다.
그런데 2000년부터 IMF 조기 졸업을 위한 반작용으로 규제완화라는 큰 물결 속에서 또 다른 광풍의 뉴타운 시대를 맞이하게 됩니다. 서울의 강북 지역을 강남 수준으로 균형발전시킨다는 바람직한 비전 속에서 시작한 뉴타운 사업이었지만 여러 가지 정치적인 판단들에 매몰되면서 아직까지도 커다란 후유증을 남기고 있습니다.
이처럼 분당을 비롯한 신도시 건설을 시작한 1989년부터 미국발 세계 경제위기가 닥친 2009년까지 20년간 우리나라의 도시 주거는 걷잡을 수 없게 바뀌었습니다. 이러한 소용돌이 속에서 설계 실무를 하던 나는 어떻게든 이 상황과 문제들을 제대로 파악하고 싶었습니다. 회사 내에 도시 연구소Urban lab.을 만들어 변화 과정을 연구하고 새로운 도시 주거의 대안을 제시하기도 했습니다. 마침 서울대학교 환경대학원에서 '주거

환경계획'을 가르치게 되어 젊은 후학들과 이 문제를 가지고 씨름하기도 했습니다. 결국 도시 주거란 한 나라의 정치, 경제, 사회, 문화적 조건들이 포괄적으로 내재되어 표출되기 때문에 어떤 질서나 체계 또는 이론상으로 정리할 수는 없었습니다. 그보다는 한 가족 또는 한 사람의 삶이 녹아들어 형상화된 틀로 '집'을 들여다보고 생각해보는 게 더 중요하다는 것을 깨닫게 되었습니다. 그리하여 집으로 향한 긴 여행길에서 마주했던 다양한 집 이야기를 모아 묶었습니다. 다행히 신문 칼럼으로 연재했던 졸고들이 있어서 여러분들의 도움을 보태어 책으로 만들게 되었습니다.

우리네 삶이 바뀌는 만큼 우리들 집도 바뀝니다.
대가족에서 핵가족 그리고 가족의 해체까지 짧은 시간에 급변하면서 같이 사는 식구에 따라 집도 달라집니다. 조상대대로 살던 고향을 떠나온 많은 도시민들은 이젠 농사꾼의 후예가 아닌 유목민을 닮은 생활을 하고 있습니다.
이곳저곳 이사 다니는 데 익숙해진 자녀 세대는 오늘도 밤늦게까지 방황하는 게 당연시되고, 집도 직장도 수시로 떠날 수 있는 게 더 자연스럽습니다. 어릴 때 집을 나서 외국 유학이나 어학연수, 해외여행이나 고시원 생활 등과 더불어 셰어하우스, 게스트하우스, 템플스테이, 힐링캠프, 모텔파티에 이르기까지 온갖 떠돌아다니는 잠자리가 낯설지 않고 언제라도 혼자만의 방이 곧 나의 집이 됩니다. 치솟은 부동산 가치로 계산되는 집은 세대 간 갈등의 원인이 되고 있으며 하우스푸어, 렌트푸어에 쪽방 신세 등 개인 삶의 위기뿐만 아니라 결혼 기피에 따른 출산율 저하 등 국가적 위기에까지 이르고 있습니다.

미래의 집은 미래의 삶을 담아내는 그릇입니다.

내 쉴 곳은 작은 집 내 집뿐이리….

한번 쯤 과거, 현재, 미래의 삶을 따라가 보면서 우리들의 집을 생각합니다.

책이 나오기까지 도움 주신 여러분들께 깊은 감사를 전합니다.

2016년 9월

최 명 철

CONTENTS

01 최선의 집

02 최적의 집

03
최고의 집

04
최신의 집

최선의 집

포레스트 퀀텟

월든의 오두막집과 세한도

서판교 월든힐스 2단지

은평 뉴타운

지리산 작은 마을

내 삶에 딱 맞는 숲속 '맞춤집' 다섯 채의 오중주

포레스트 퀸텟

평면도

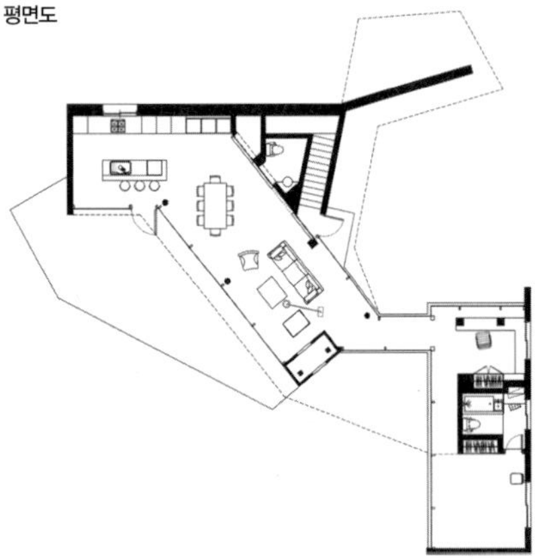

단면도

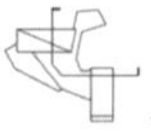

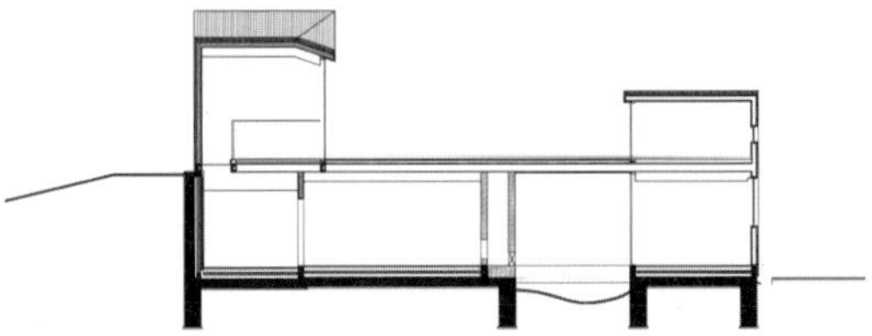

© 박영채

© 박영채

사람에게 노년이란 자신만을 위해 살 수 있는, 살아야 하는 때다. 보기 싫은 것 보지 않고, 하고 싶지 않은 것 안 할 수 있는…. 그런 당신을 위해 준비해놓은 집은 어떤 곳인가? 아침에 눈 떴을 때 가장 먼저 보이는 것이 무엇이길 바라는가? 영화 〈건축학 개론〉에서 처음 서연이 바랐던 것은 높은 천장과 대리석 바닥이었지만 결국 가장 원했던 것은 제주도의 푸른 바다였다.

강원도 양구의 포레스트 퀸텟 또한 이런 바람에서 시작돼 마련된 집이다. 북쪽으로는 북한강의 원류인 양구 서천이 흐르고 멀리 파로호가 보인다. 남쪽으로는 사명산에서 흘러내린 산줄기가 있다. 이 산줄기에 다섯 채의 건물이 오중주quintet를 이루며 마을을 이뤘다.

작은 숲을 중심으로 초승달 모양으로 자리를 편 다섯 채의 집은 이곳에 도시 주거를 대신할 만한 삶의 터전을 만들기로 한 다섯 명의 건축주에 의해 계획됐다. 친척이거나 가까운 지인이며 은퇴 후 아름다운 시골에서 모여 살기로 약속하면서 형성된 '마을'이다. 건축가는 대지를 보는 순간 다행이란 생각이 들었다고 한다. 숲을 가로지른

1 | 3
2 |

1. 첫 번째 집 1층 평면도와 단면도 2. 첫 번째 집 전경 3. 첫 번째 집 야경

임도가 난 것을 제외하면 사람이 손댄 것이 거의 없었기에….

이곳에 어우러진 집들은 같은 시기에 같은 건축가가 설계했지만 각각 다른 형태를 하고 있다. 앉아 있는 땅이 다르고, 살아갈 사람이 다르기 때문이다. 가장 낮은 곳에 자리한 집은 주변 집에서 내려다보는 시선으로부터의 보호를 고민하면서 동시에 주변 집들의 조망에 거슬림이 없어야 했다. 좁은 경사지에는 부분적으로 바닥을 올리고 기둥 위에 떠 있는 집처럼 보이게 건물을 높였다. 숲이 정면을 막고 있는 땅은 멀리 조망이 가능하도록 시야를 확보했다. 주어진 땅에 순응하는 건물들의 평면과 단순한 지붕들로 이루어진 마을의 모습을 보면, 자연과의 조화를 고려한 건축가의 노력이 돋보인다. 양구 포레스트 퀸텟을 설계한 홍익대학교 이현호 교수는 다섯 명의 건축주와 그 가족들을 인터뷰하고 그들이 원하는 집, 살고 싶은 집에 대해 충분한 대화를 나눴는데, 이

© 박영채

© 박영채

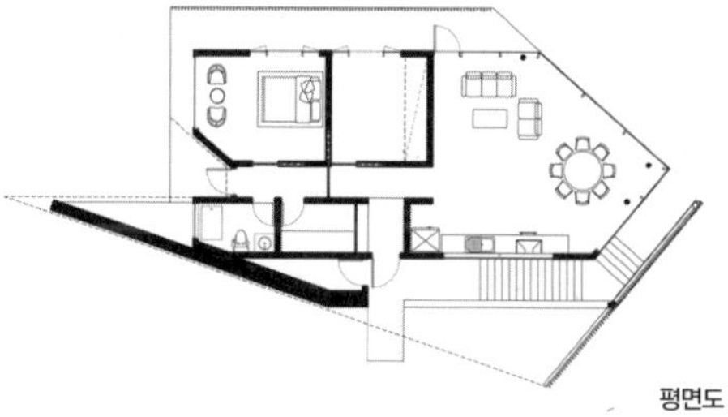

평면도

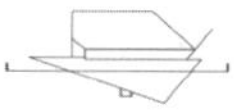

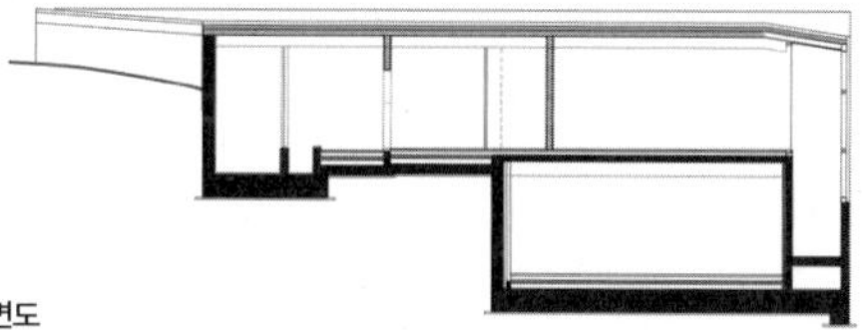

단면도

4. 두 번째 집 야경 5. 두 번째 집 전경 6. 두 번째 집 평면도와 단면도

평면도

단면도

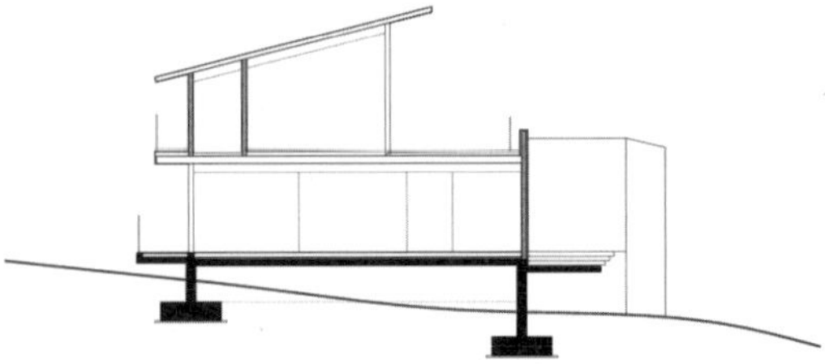

© 박영채

© 박영채

과정만도 6개월이 걸렸다. 모든 집들의 크기는 150m^2 정도지만 사는 사람이 다른 만큼 공간도 달라야 했으므로 구조는 모두 다르다. 어떤 집은 앞과 뒤의 조망을 모두 만족시켜야 했으며, 경사가 가장 급했던 집은 그 경사를 활용해 거실의 조망을 더욱 살릴 수도 있었다. 낮은 곳에 있는 집은 옆집에 노출되지 않으면서도 파로호를 향한 시선을 확보해야 하기도 했다.

이렇게 각각 다른 구성의 집들은 하나의 공통점을 지님으로써 다양과 더불어 조화를 이룬다. 그것은 자연을 향해 열려 있는 정자와 같은 집들이라는 것이다. 건축가의 말을 빌리자면 "자연이 집 안을 지나가도록 둘레친 집"이라는 것인데, 자연이 드나들게 집을 열어놓아 둔 것이다.

대부분의 생활공간은 한 층에 두길 원한다고 한다. 포레스트 퀸텟 또한 주방, 화장실, 창고 등은 최대한 밀집시키고 방과 거실은 바깥으로 두어 집약적이며 단순한 동선으로 생활에 불편함이 없도록 한 보수적인 평면이다. 건축가는 "좋은 건축은 좋은 사람처럼 주위와 잘 어울리면서도 내면은 바르고, 멋을 내면서도 과장되지 않는 것"이라고 말한다.

7 | 9
8

7. 네 번째 집 1층 평면도와 단면도 8. 네 번째 집 전경 9. 세 번째 집 전경

© 박영채

평면도

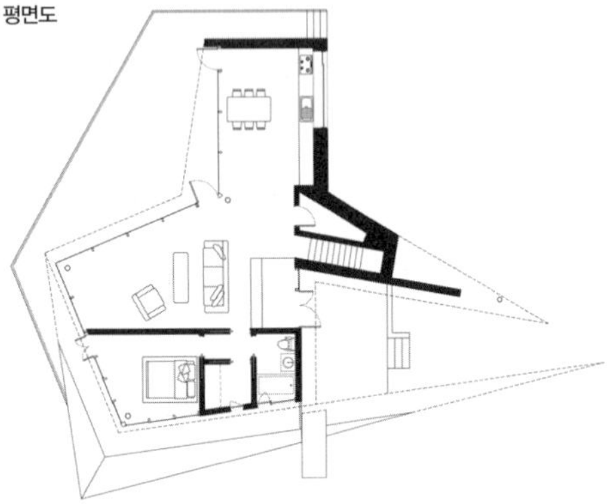

단면도

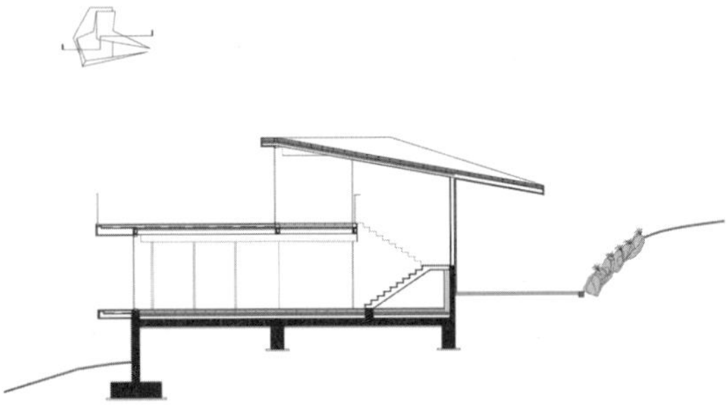

이 사업의 성공적인 결과는 시니어 낙원을 표방하는 자치단체의 지원이 큰 힘이 되었다. 시니어 낙원 프로젝트는 강원도가 2008년 말부터 도입한 정책이다. 다섯 가구 이상 주택을 신축할 경우 진입도로, 상수도, 지하관정 등 기반시설을 도에서 구축해준다. 건축 규모에 따라 취득세, 등록세 및 재산세 감면 혜택도 있다. 최근 도시 탈출을 꿈꾸는 은퇴자가 많아 호응도가 높은 편이다. 평창군 대관령면에는 어느 기업체 임직원들을 중심으로 38가구 전원형 주택을 추진 중이며, 양양군에도 19동의 전원 휴양주택이 인허가 작업 중이다. 충남 서천에는 은퇴자, 현직 교사, 회사원 등 34가구가 2009년부터 입주해 생활하고 있다.

건축가 이현호 교수는 "단독주택은 기성품이 아니라 자신의 삶에 딱 맞는 맞춤복이 돼야 한다"고 한다. "가장 좋은 집이란 없고 자기에게 잘 맞는 집이 있을 뿐"이라는 이현호 교수의 말은 건축가라면 늘 품고 있어야 하는 말이다. 영화 〈건축학 개론〉에서 교수의 말과 함께…. "자기가 살고 있는 곳에 관해 애정을 가지고 이해를 시작하는 것, 이게 바로 건축학 개론의 시작입니다." 20120422

© 박영채

10. 다섯 번째 집 전경 11. 다섯 번째 집 1층 평면도와 단면도 12. 다섯 번째 집 전경

집은 가족을 위해 존재하는 공간이다

이현호(건축가, 홍익대학교 실내건축학과 교수)

© 박영채

시니어 하우스의 전망에 대해 어떻게 생각하는가?

현재 시니어라 불리는 베이비부머 세대는 우리나라 강남 아파트 문화의 주역들이다. 하지만 그들이 도시에서 생활해 왔던 이유는 자녀들의 교육적 측면이 많았다. 이제 자녀들이 성장하고 예전에 가지고 있던 땅에 대한 기억들을 다시 떠올리는 사람들이 있다. 그들은 도시에 오기 전 전원을 경험했던 세대다. 그리고 자기가 원하는 전원으로 돌아갈 수 있는 능력도 가졌다. 그들에게는 땅을 밟고 살아가는 기억과 꿈을 가지고 있다. 그래서 앞으로도 시니어 하우스는 계속 진행될 것이다. 요즈음은 서울 소유의 아파트를 전세로 내놓고 그 보증금으로 원하는 규모의 단독주택을 지을 수 있다. 그래서 비록 그 형태가 세컨드하우스가 된다 하더라도 땅에 대한 추억을 가지고 있는 그들을 만족시켜줄 집에 대한 수요는 계속 있을 것이다.

강원도의 각 지자체들의 시니어 낙원 조성에 대해

지자체에서 전원을 꿈꾸는 사람들에게 기반시설을 제공하면서 주민을 확보하는 것은 좋은 것 같다. 하지만 개발을 위한 접근은 위험하다. 얼마 전 지하철 광고판을 통해 시니어 낙원 조성에 대한 홍보를 보았다. 별장지를 구획해서 분양한다는 광고였다. 실패했다. 개발 마인드로 접근하니까 실패한다. 지자체에서 디자인의 역할에 대해 인식도 하지 못하고 중요도를 깨닫지 못하면서 대략 조감도 그려서 분양을 하면 될 줄 알고 시작한 것 같다. 이러한 접근은 위험하다.

자기의 집을 짓고자 하는 사람에게 해주고 싶은 조언은

다른 건축도 그렇지만 특히 주택은 건축주의 집을 짓는 것이다. 건축가가 살 집이 아니라 건축주가 살 집이다. 그래서 자기의 원하는 바가 분명해야 한다. 그것이 이미지이든, 기능이든, 내용이든, 땅 위에 세워질 집에 대한 자신의 꿈이 무엇인지 확실히 이야기할 수 있어야 한다. 물론 건축가는 대지로부터 건축가가 그리는 이미지를 건축주의 욕망과 결합시켜내어야 하며, 또한 건축가는 그 꿈을 기능적인 요구와 결합해낼 수 있어야 한다. 주택은 클라이언트의 만족도를 이루기 힘든 프로젝트다. 개인 주택이 아닌 일반적인 건축물은 자산가치가 공간이나 면적으로 나타나고, 집적화된 기능과 동선이 요구된다. 그래서 웬만하면 만족한다. 하지만 주택은 예를 들어 수도꼭지에서 물이 잘 나오지 않는다는 것만으로 집을 잘 짓지 못했다고 생각한다. 주택은 건축주의 생활과 삶의 과정과 겹쳐지는 부분이 일반 건축물에 비해 크고, 이는 먹고, 자고 일하고 쉬는 인간 활동의 가장 전반적인 기능뿐 아니라 개인적인 특수한 삶의 양태까지 만족시켜내야 하기 때문에, 건축주가 건축물로부터 만족과 행복을 보장하는 것이 쉽지 않다.

아파트 외에 다양한 주거 형태들이 나타나고 있다.

아파트를 대신한 주거 형태에 대해 지금까지 많은 시도들이 있었다. 땅콩집, 테라스 하우스, 고급형 빌라, 도심형 단독주거 등, 차별화되는 것이 중요하다고 생각한다. 하지만 이들이 아파트의 대안이 되었느냐 하는 것에는 의문이다. 사람들이 아파트를 버리고 선택하는 것에는 그들의 땅에 대한 다양한 욕망을 충족시켜줄 수 있어야 하는 것이다.

도심의 기존 단독주택지들은 대부분 고층 아파트로 재개발을 하거나 그게 아니면 4~5층 다세대를 짓기 바쁘다. 이 두 가지 외에 어떤 방식의 변화가 가능하다고 생각하는가.

도심의 주택단지들의 중소 규모의 건축물을 보면서, 뉴욕에서의 경험과 대비하여 우리나라 골목 건축물들의 내용이 보다 다양해질 수 있을까 하는 생각이 든다. 주택과 상가, 사무실과 기타 문화 공간 등 다양한 내용들이 상가주택, 단독주택, 다세대주택, 업무시설, 근린생활과 같은 카테고리를 넘어 서로 자연스럽게 융합되고 하는 과정이 삼청동이나 서래마을과 같은 지역에서 진행되고 있다. 건축의 내용이 다양해지면서 건축물 외형의 변화를 이끌어내고, 그것이 도로와의 새로운 관계를 만들고, 주변 이웃을 바꾸어가는 과정이 보다 도심주거건축물의 유기적이고 바람직한 변화의 방향이라고 생각한다.

같은 시대 다른 공간에 지어진
내 마음의 집

월든의 오두막집과 세한도

MERYL STREEP

눈이 부시게 푸른 하늘을 마주하거나 지평선이 드러나는 너른 들판에 나서게 되면 문득 들려오는 듯한 선율이 있다. 아프리카의 광활한 풍광이 인상 깊었던 영화 〈아웃 오브 아프리카〉에서 영원한 자유인 데니스(로버트 레드포드)의 배경음악으로 쓰였던 모차르트의 유일한 클라리넷 협주곡 A장조 K.622 2악장 '아다지오'다.

사바나 대초원을 누비는 모험가 데니스와 "집엔 언제 오실 거예요"라고 물으며 돌아올 그에게 들려줄 이야기를 꾸미는 커피농장 여주인 카렌(메릴 스트립)의 사랑의 변주곡은 외경심을 불러일으키는 아름다운 장관과 어우러져 깊은 울림으로 남아 있다.

파혼의 상처를 입고 도망치듯 고향을 떠나 상속 받은 땅이 있는 케냐로 향하는 카렌은 빈털털이 귀족 블릭센남작 브로(클라우스 마리아 브랜다우어)와 계산된 결혼을 위해 동아프리카 최대의 해안도시 뭄바사로 간다. 니공 언덕 산기슭에 지어진 유럽식 집에서 신혼집을 꾸리는 것으로 시작하는 영화는 농장과 연인, 모든 것을 잃은 카렌이 그 집을 떠나 덴마크로 돌아가는 것으로 끝을 맺는다. 1차 세계대전이 끝난 해 송년 파티에서 강인한 생활인인 카렌에게 '진실로 무엇인가 소유한다는 것이 가능한지'를 묻는 데니스도 실은 서양 물질문명의 진수라 할 수 있는 만년필, 나침판, 자동차, 축음기, 비행기 등을 가지고 나타나 꾸준한 작업용으로 사용하고 있다.

바로 이 지점에서 현실이고 생존의 조건으로서의 소유와 근원이고 꿈과 가치로서의

1 | 2

1~2. 영화 〈아웃 오브 아프리카 Out Of Africa〉(1986)의 장면

© Rhythmic Quietude

삶 사이에 내가 쓰려는 집 이야기가 있다.

헨리 데이비드 소로(1817~1862)는 월든 호숫가에 오두막집을 지으며 집에 대한 본질적인 접근을 한 인물이다.

"내가 숲속으로 들어간 것은 인생을 의도적으로 살아보기 위해서였다. 다시 말해서 인생의 본질적인 사실들만을 직면해보려는 것이었으며, 인생이 가르치는 바를 내가 배울 수 있는지 알아보고자 했으며, 그리하여 마침내 죽음을 맞이했을 때 내가 헛된 삶을 살았구나 하고 깨닫는 일이 없도록 하기 위해서였다."

하버드대학 출신의 이 도도한 엘리트 의식의 소유자는 당시 보스턴의 1년치 집세 정도 금액인 28불12센트만 가지고 도끼 하나 들고 홀로 숲에 들어가 소나무를 켜서 3개월 만에 집을 완성해 입주하게 된다. 그러고는 그 당시 800불가량 지불해야만 하는 일반적인 집들에 대하여 "결국 노동자가 10~15년 걸려 모아 지은 집은 그 집 때문에 더 부자가 된 것이 아니라 더 가난하게 되었는지 모르며, 그가 집을 소유하는 것이 아니라 집이 그를 소유하게 되었는지 모른다"고 당시 상황을 비판하고 있다.

4

3

3. 현재 월든 호숫가에 재현되어 있는 소로 오두막과 소로의 청동상

4

4. 헨리 데이비드 소로Henry D. Thoreau의 〈월든Walden〉 속표지에 있는 월든 호숫가의 오두막 그림

생의 본질에 다가서기 위해 더욱 간소한 삶을 주장했던 초월주의 철학자는 그 당시의 건축가들에게도 직격탄을 날린다. "건축가들은 건축적 장식에는 진리의 핵심과 필연성, 그에 따른 아름다움이 갖추어져야 한다고 마치 신의 계시처럼 말하지만" 그것은 그들만의 허구이고, 좋은 집이란 "거주자의 필요와 성격에 의해서 겉모습과는 무관하게 어떤 무의식적인 진실성과 기품에 따라 내부에서 외부로 자라나 표현되는 것이다."라고.

그의 치열했던 삶의 태도는 실용주의pragmatism이나 개척정신frontier으로 이어지면서, 유럽의 대항해 시대에 비견되는 대모험 시대의 한 축을 이루게 된다. 산업혁명 이후 서양문명이 절정기를 향해 치닫던 19세기 중반 차세대 강국 미국의 중심부에서 일과 명예, 돈과 사회적 통념으로부터 벗어나고자 했던 혁명가 소로의 월든 호숫가 오두막 체험기는 우리들에게 150여 년의 시공간을 뛰어넘어 "너희들은 잘 살고 있니?"라고 묻고 있는 것 같다.

최근 국내에서는 국가가 지정하는 '최소주거기준'이 7년 만에 $12m^2$(3.6평)에서 $14m^2$(4.2평)으로 상향 조정되면서, 월든의 오두막집 크기가 회자된 적이 있다. 소로가 제시한 기준에 비로소 우리가 올라선 것일까?

WALDEN;

OR,

LIFE IN THE WOODS.

By HENRY D. THOREAU,

AUTHOR OF "A WEEK ON THE CONCORD AND MERRIMACK RIVERS."

I do not propose to write an ode to dejection, but to brag as lustily as chanticleer in the morning, standing on his roost, if only to wake my neighbors up. — Page 92.

BOSTON:
TICKNOR AND FIELDS.
M DCCC LIV.

헨리 데이비드 소로가 미국 메사추세츠 월든 호숫가에서 집을 짓기 1년 전, 제주도에서 귀양 중인 추사 김정희(1786~1856)는 자신을 잘 챙겨주는 후배 이상적에게 감복하여 집을 한 채 지었다. 이른바 〈세한도〉에 그려진 집이다. 우리나라 집 그림 중에 가장 사랑 받는 이 집은 조선시대에 일반적인 3칸짜리 초옥의 구조도 갖추지 않은 마치 축사 같은 느낌의 최소한의 형식으로 그려져 있다. 그 당시 집을 그린다면 당연히 있어야하는 기둥과 지붕 구조 및 개구부의 표현이 없으며, 오직 중국에 흔한 원형 출입구 하나만 있을 뿐이다. 혹자는 김정희가 교유하던 청나라 학자 옹방강의 시나 그림을 통해 얻은 소동파의 겨울 소나무 그림인 〈언송도〉와 연관지어 이 중국식 집 형태에 대한 유래를 뒷받침하기도 한다. 어쨌거나 사랑할 수밖에 없는 그림으로 남은 추사의 세한도는 '시린 한겨울을 그린 그림'으로서 최고의 걸작이 되었다.

동시대에 조선에서 그림으로 지은 집과 뉴잉글랜드에서 온몸으로 지은 집! 이 둘 다

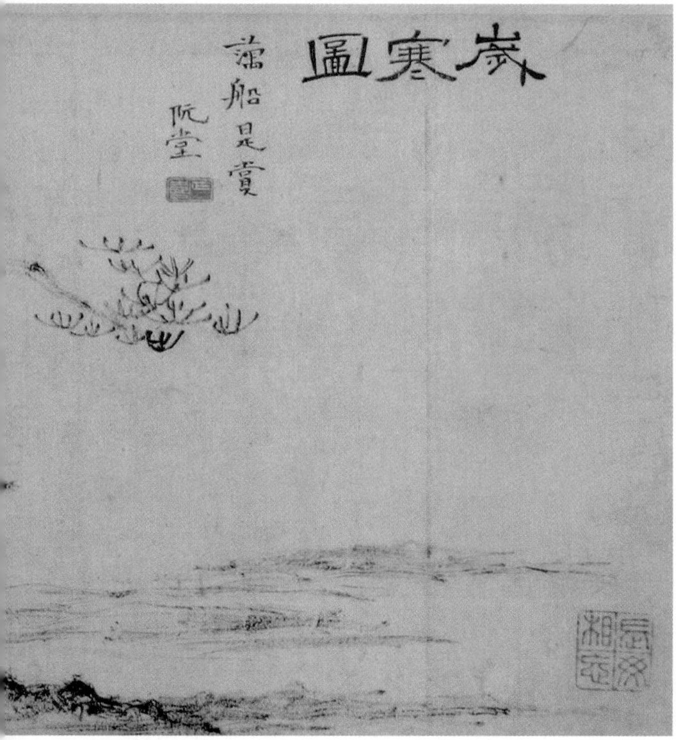

소로가 오두막을 짓는 데 소요된 비용

판자	8달러 3.5센트
지붕과 벽에 쓴 헌 지붕널	4달러
욋가지	1달러 25센트
유리가 있는 중고 창문틀 2개	2달러 43센트
헌벽돌 1,000장	4달러
석회 2통	2달러 40센트
털	31센트
철제 벽난로 가로장	15센트
못	3달러 90센트
경첩과 나사못	14센트
빗장	10센트
분필	1센트
운송비	1달러 40센트
합계	**28달러 12.5센트**

역사적으로는 최고의 값어치를 지닌 집으로 남아 있다. 그것도 그 당시 현실적으로 유배된 엘리트들의 유산으로서 말이다.

가장 작은 집, 삶의 가치를 되돌아보게 하는 집, 우주宇(집 우), 宙(집 주)와 맞닿아 있는 집 등이 현재의 우리들에게 어떤 의미가 있을까? 20120527

5

5. 추사 김정희의 〈세한도歲寒圖〉(1844) 23×69.2㎝

담 없는 집
벽 없는 집

서판교 월든힐스 2단지

© 이재성

© 이재성

201

©Petrus Barbygere

노출증과 관음증의 건축 재료, 유리

최초의 유리건물은 1851년 영국 런던의 하이드파크에 지어졌다. 전장이 565미터나 되는 수정궁Crystal Palace이다. 제1회 만국박람회에서 대영제국의 위용을 자랑하면서 서양 문명의 팡파르를 울렸다. 1889년 파리 만국박람회 때 혁명 100주년 기념탑으로 지어진 에펠탑과 함께 역사를 바꾼 건축물이 되었다. 지구상에 유리와 철의 시대가 도래한 것이다. 이들의 출현으로 도시의 풍경이 바뀌었고 모더니즘의 역사가 시작됐다. 유리는 투명하다. 자신의 삶을 어느 정도 남에게 보여주고 싶고, 어느 정도 다른 사람의 삶을 엿보고 싶다는 인간의 노출증과 관음증을 충족시키는 데 유리 만한 재료도 없다. 건축가로서는 도전하고 또 극복하고 싶은 재료다. 이 같은 욕망을 구현한 유리집으로 대표적인 작품이 1945년 시카고 근교에 미스 반데어 로에Mies van der Rohe가 지은 판스워드 주택Farnsworth House과 1949년 미스에 대한 존경심을 담아 지은 필립 존슨의 글라스하우스Glass House다. 벽면이 온통 유리다. 나의 공간이 곧 너의 공간인 셈이다. 당시로서는 어마어마한 파격이었다. 건축주와 논란을 빚고 결국 소송까지 한 판스워드 주택은 빼어난 작품성과 동시에 건축적 교만이라는 논란 속에 국가문화유산이 됐다. 두 유리집 모두 경치 좋은 교외에 위치한 주말 별장이다. 그렇다면 도시 속 공동주택으로서 유리집은 가능할까. 경기도 서판교 월든힐스 2단지는 이 질문에 대한 대답이다.

1

1. 1851년 영국 런던의 하이드파크에 지어진 최초의 유리 건물 '수정궁'. 길이가 565미터나 된다.

© 이재성

훤히 들여다보이는 각 세대 1층

서판교는 뛰어난 입지로 각광받는 곳이다. 청계산 남면과 마주하고 있는 광교산 · 백운산 자락의 수려함 사이에 있는 서판교는 모 재벌 3세의 집 이야기부터 시작해 단독주택 붐의 진원지이기도 하다. 경수고속도로나 남서울CC 등의 환경도 인기 원인이다. 2006년 대한주택공사(현 LH공사)는 판교 신도시 부지 중 가장 입지가 좋은 이곳에 고급 주거단지를 기획했다. 외국인 초청 설계 경기의 방식으로 세 명을 선출해 청계산 남사면 길게 늘어선 부지에 다양한 저층 연립주택을 건립했다. 2단지는 운중천이 흐르는 길에서 보면 서측 위쪽의 1단지와 동쪽 고속도로 전에 있는 3단지 사이에 가장 낮은 부지에 위치해 있다. 올망졸망 하얀 입방체들이 늘어선 전경은 낮아서인지 편안하게 느껴진다. 차량이 들어서는 정문을 지나면서부터 보이는 백색의 건물과 유리로 된 풍경은 낯설다. 마당에 서면 쇼케이스 형태의 건물들이 양옆으로 마주해 있다. 각 세대 1층은 4면이 온통 유리다. 그런데 유리벽을 사이로 마주한 상대가 모르는 사이라면 둘 다 불편해진다. 마네킹이 움직이면서 나를 바라보거나 우리 속의 동물이 나를 보고 웃는다고 생각해보라. 내 시선의 선택권과 타인의 시선 간에는 수많은 사회적 관계가 존재한다. 설계자인 일본의 노 건축가 야마모토 니켄山本理顯은 이런 관계에 주목한 사람이다. "20세기 들어 '한 주택=한 가족'이라는 형식이 자리 잡았다. 이런

ⓒ tiny froglet

© 이재성

가족 전용 주택을 목표로 설계한 결과, 주택은 그 지역 및 환경과는 분리된, 획일적인 패키지 상품이 되고 말았다. 고령화 등으로 인구 구조가 급격히 변하고 가구당 평균 인구 수가 2인으로 떨어지는 상황에서 주택은 미래 라이프스타일을 염두에 두고 지어져야 한다. 이제부터는 주택과 주택 사이의 관계, 즉 공동체 문제에 주목해야 한다." 서판교 월든힐스 2단지는 바로 핵가족만의 자율성과 완결성에 그쳐 밀실에 가까워진 현대의 주거문화를 경계하면서 새로운 관계의 복원을 주장하는 그의 의도가 고스란히 담겨 있다.

2 | 4 | 3

2. 서판교 월든힐스 2단지 내부 3. 미스 반데어 로에가 지은 '판스워드 하우스' 4. 서판교 월든힐스 2단지 내부

© Eirik Johns

21세기 버전 이웃사촌 만들기 실험

10여 가구씩 나누어진 9개의 동네는 각기 공동 데크 형식의 마당이 있고, 이 공간으로부터 각 집의 현관이 연결된다. 현관이 있는 이 유리집을 건축가는 '사랑방'이라 불렀다. 일본에도 있다는 이 사랑방 형식은 개념상 우리나라 전통 주거 형식과 유사하다. 전통 가옥에서 사랑채, 또는 사랑방은 외부인과 자유롭게 소통하는 공간이었다. 프라이버시를 우선하는 사적 공간private space과 열려 있는 공적 공간public space 사이의 매개공간, 즉 사회적 공간social space이었던 것이다. 이 사회적 공간이 넉넉해질 때 인간들의 관계가 풍요로워진다는 내용이 〈건축학 개론〉에 나온다. 노 건축가의 얘기를 더 들어보자.

"이 사랑방은 거주자들이 자유롭게 창의적으로 꾸밀 수 있게 비워놓았다. 텅 빈 캔버스라 생각해주길 바란다. 취미를 위한 방이거나 작업실로 쓸 수 있다. 응접실로 꾸며 손님을 맞는 공간이 될 수도 있고, 아이들을 위한 놀이공간으로 만들 수도 있다. 가족

5 | 6

5. 필립 존슨의 '글라스하우스'
6. 서판교 월든힐스 2단지 2층

만이 아닌 이웃을 의식하며 사용하는 장소가 되면, 거주자의 개성과 활기와 온정이 담기게 된다. 프라이버시와 커뮤니티, 이 둘이 공존하는 새 시대의 주택이 될 것이다."

역사적으로 예술가들은 당대의 평가에서 종종 외면당해왔다. 에펠과 미스도 여러 수모를 겪었다. 서판교 월든힐스 2단지도 예외는 아니다. 미국발 경기 하락에도 순조로운 분양을 마친 1, 3단지와 달리 2단지는 입주 때까지도 50% 미만에 머물렀다. 구조조정 중인 LH공사로서는 애물단지였다. 현재까지도 몇 가구가 미분양이란다. 그런데 입주 후 사계절을 지낸 봄부터 조금씩 변화가 감지됐다. 각양각색으로 인테리어가 된 이 사랑방 공간을 중심으로 이웃끼리 저녁을 함께하거나 다양한 모임을 여는 액티비티가 하나둘 생기고 있다고 한다. 낯선 사람이 이웃사촌이 되는, 새로운 공동체 실험이 시작된 셈이다. 결과는 과연 어떻게 나올 것인가. 20120708

ⓒ 이재성

문턱이 닳는 집

성상우(전 야마모토리켄설계공장 한국 지부장, 현 a0100z space design 소장)

© 이재성

유리라는 재료의 특이함으로 인해 정녕 알아야 할, 이 집들의 진면목의 몰이해에 대해 아쉽다. 누구는 노 건축가의 국적으로 문화적인 거부감을 가지고, 누군가는 건축가의 자위적인 디자인 행위로, 사람의 삶에는 안중에도 없다고 한다. 하지만 판교 B5-2BL(이상 2BL)의 구조를 살펴보면 우리의 전통 가옥을 닮은 구석이 많다. 즉, 새로움이 아니라 오래된 것의 재발견이라고 할까?

노 건축가는 우리가 공동으로 모여사는 집이 어떻게 되어야 하는지 조금의 망설임도 없이 말하고 있다. '자기'만을 생각하는 이때에 '함께'라는 삶이 가져다주는 위안과 행복이 무엇인지, 건축이라는 삶의 방편을 통해 강조하는 어조는 다소 우리를 당혹스럽게 하고 불편하게 한다. 우리는 40여 년 아파트라는 주거 문화에 익숙해지고 이웃사촌이라는 좋은 주거 문화의 산물마저 잊고 사는 것 같다. 상품과 투자 가치로의 주거 문화를 보급하다 보니 편리만을 생각하여 정작 사람이 어떻게 살아야 하는지에 대해서는 철저히 무관심하게 되었다. 입주 후 2년이 지난 지금, 큰 유리로 둘러싸인 2층의 현관이며 사랑방인 Shiiki(문턱)는 100세대가 다양한 모습으로 연출하고 있다. 그리고 생각지도 못한 장면도 입주민에 의해 만들어지고 있다.

간혹 찾아보는 2BL의 2층 Shiiki는, 어느 집은 미술학원으로, 어느 곳은 자기 취미 공간으로, 누구는 개인 작업 공간을 만들어 한껏 자기 개성을 드러내고 있다. 공동 마당과 집이 접하는 곳에는 화분이나 시설물로 자기 영역을 표시하는 것은 대부분의 집들이 공통적인 경향인 것 같다. 그리고 이웃과 함께 사용하는 공동 마당의 경우 서로 논의하여 데크로 조성하여 함께 사용하기도 한다. 재미있는 풍경 중 하나는 먼저 입주한 집의 주변과 조화를 이루려고 하는 것이다. 특별한 인연으로 함께 사는 이웃과 서로를 이해하며 만들어 가는 모습은 인상적이었다. 물론 모두가 서로의 관심과 나눔을 가지고 사는 것은 아니라고 한다. 몇몇 이웃은 초기 이웃과의 불화로 왕래도 없이 생활하는 집들도 있다고 한다. 이런 갈등도 이사를 가지 않는 한 조금씩은 이 집의 특이한 구조 속에서 변해갈 것이라 믿는다.

집의 완성은 공간과 더불어 시간이 만들어가는 것 같다. 어쩌면 건축가의 손을 떠난 곳에서, 사는 사람의 손으로 다시금 진정한 사람 냄새나는 집이 완성되어간다. 현대사회의 가장 부족한 점은 물질이 아니라 정신적인 결핍이란다. 이 결핍을 채울 수 있는 것은 자기 성찰과 타인과의 교감이라고 생각한다. 2BL의 2층에 있는 공동 마당과 Shiiki는 이런 서로를 바라보고 자기를 바라보는 장소이며 공간이다. 문턱이 닳도록 사람이 드나들어야 한다는 옛말처럼…. 집을 생각하고 집을 그린다는 것은, 즉 삶을 고민하고 그 삶을 위한 방편을 만듦 그 이상도 그 이하도 아니라고 생각한다. 집은 자기 완결성과 자기 보호라는 성城이 아니라 나눔의 씨앗과 같은 공간이어야 한다고 생각한다.

2014년 12월 본인은 논두렁 밭두렁이 있는 시골에 손수 문턱이 닳는 집을 지었다. 문턱이 닳는 집은 온돌방의 사랑채와 작업을 위한 공방과 사생활의 안채와 이것을 아우르는 마당으로 되어 있다. 사랑채에는 가끔 지인이나 건축주가 하룻밤 묵고 가고 공방에서는 낮에는 작업을 밤에는 동네 주민들과의 회합이나 동네 주민들 대상의 인문학 강의를 열고 있다. 물론 사람이 많이 찾아오니 접대에 힘들기도 하다. 하지만, 이런 만남을 통해 다름을 이해하고, 마음을 나눌 수 있다. 아이들도 이제 손님이 오면 마당도 쓸고 이런 저런 집안일을 도와준다. 우리 가족은 몸소 문턱이 닳는 집으로 앞으로 우리의 삶이 어떻게 변해 가는지 지켜보고 있다.

중정형 아파트

은평 뉴타운

© 최순영

프랑스 혁명, 특히 19세기 파리의 역사에 등장하는 바리케이드barricade는 경계이고 진영이다. 자유로워야 할 도시 속에서 경계가 만들어지는 순간 양 진영의 대치와 폭력은 불가피하다. 영화 〈레 미제라블〉 속 1830년의 파리 시가지는 참으로 형편없다. 좁은 골목길에 더러운 하수구, 힘없는 서민들의 다닥다닥 붙어 있는 공동주택…. 이들이 바리케이드를 형성해준 사회적·물리적 공간 구조였다면, 아이러니하게도 이들의 현실적인 등 돌림으로 앞장선 젊은이들이 먼저 희생된다.

1852년 제2제정을 시작한 나폴레옹 3세는 오스만 남작을 통해 '파리 개조Transformations de Paris'를 단행한다. 열악한 도시구조와 주거환경의 개선이 일차적 목표라면, 부수적 결과로 바리케이드 없는 열린 도시가 되었다. '같은 높이와 같은 간선도로, 같은 외관'의 균질한 도시계획으로 세계적인 명품 도시로 꼽히는 현재의 파리가 된 것이다. 이 대규모 재개발 사업의 대표적 상품이 7층짜리 중정형 공동주택이다.

1 | 2

1. 은평 뉴타운 중정형 아파트, 가운데 뻥 뚫린 마당에서 서로 어울리고 나면 그 하루가 남부럽지 않다. 2. '같은 높이와 같은 간선도로, 같은 외관'의 균질한 도시계획으로 세계적인 명품 도시 현재의 파리가 된 것이다. 이 대규모 재개발 사업의 대표적 상품이 7층짜리 중정형 공동주택이다.

'같은 높이, 같은 도로, 같은 외관'으로

2003년 서울시는 '강북을 강남처럼'이라는 기치 아래 균형발전본부를 출범시켜 뉴타운 사업을 시작했다. 'IMF 사태' 졸업과 2002년 월드컵의 열기로 '무엇이든 할 수 있는can do it' 시절이었다. 은평 뉴타운은 첫 번째 시범사업지구로서 서울시가 공영개발

한 곳이다. MA Master Architect로 위촉되어 해외의 바람직한 도시개발 사례를 연구한 결과 은평의 도시 조직에 적합한 주거 유형으로 유럽식 중정형 아파트를 제안했다.

은평 뉴타운은 땅의 힘이 좋은 곳이다. 서울의 주산인 북한산을 동쪽으로 직면하고 서쪽으로는 서오릉 자연공원이 받쳐주고 북으로는 서울시의 경계인 창릉천이 가로질러 한강으로 흘러가는 형국이다. 남쪽으로는 서울의 서북 관문인 박석고개와 갈현근린공원, 구파발목과 진관근린공원 등의 자연 산세와 폭포동, 물푸레골, 못자리골 등 이름만으로도 알 수 있는 개천과 습지들이 우수한 자연 생태계를 구성하고 있다.

펼쳐져 있는 우람한 자연 속에서는 건축물의 높이가 의미를 잃는다. 사람의 눈높이에서 하늘을 바라볼 수 있는 정도의 높이가 가장 안정적이다. 7층 내외의 23미터 높이를 규범화한 파리 시내가 아름답게 느껴지는 까닭이다. 중정형 아파트는 땅을 소중하게 여기는 낮은 도시를 향한다.

은평 뉴타운의 길은 사람의 길이다. 차나 자전거가 사람이 감내할 수 있는 속도라면 같이 섞일 수 있다. 우리의 동네 길은 이처럼 사람 위주의 길이어야 한다. 차 속의 나도, 자전거 위의 너도, 길 가는 그이나 창가의 그녀도, 모두 한동네 이웃이다. 길 위에서 인사 나누고 눈 맞추고 서로 부르는 일은 일상이다. 중정형 아파트는 길을 사람에게 내주는 느린 도시 속에 있다.

은평 뉴타운의 이웃은 더불어 산다. 이웃 사람들은 어떤 조건으로도 구별될 수 없다. 팍팍한 세상살이에서 이웃이 사촌되어 주는 게 더 살갑고 반가운 일이다. 가운데가 뻥 뚫린 마당 같은 아파트 단지에서 서로 어울리고 나면 그 하루가 남부럽지 않다. 중정형 아파트는 이웃과 더불어 사는 하루하루가 있는 도시다.

은평 뉴타운의 집들은 자기 얼굴이 있다. 한국형 아파트는 대부분 단지 내부를 향하기 때문에 길에서의 얼굴이 없다. 아름다운 도시를 떠올리면 도시의 얼굴facade을 마주한 경험이 있을 것이다. 마주한 집들의 얼굴은 길 위의 나를 향한다. 길 위의 내가 로미오가 되면 창밖 발코니의 그녀는 줄리엣이 될 수 있을 것이다. 중정형 아파트는 사람을 마주하는 얼굴 도시가 되어준다.

3 | 4

3. 은평 뉴타운 2지구 조감. 다양한 형태와 크기의 아파트들이 있다. 그 중 사람의 눈높이에서 하늘을 바라볼 수 있는 정도의 높이가 가장 안정적이다. 중정형 아파트는 땅을 소중하게 여기는 낮은 도시를 향한다. 4. 사람 위주의 은평 뉴타운 지구

© 최순영

이처럼 낮은 도시, 느린 도시, 이웃 도시, 얼굴 도시가 은평 뉴타운이 지향하는 설계 지침Design Guide Line이다. 중정형 아파트는 이러한 개념들을 생활가로를 중심으로 충실히 해결하고 있다. 뉴타운 사업은 이렇듯 열악한 도시 구조를 새로운 비전으로 바꿔주면서 살기 좋은 새집을 마련해주는 일인 것이다.

이웃과 함께하는 느린 삶이 있는 곳

"두껍아, 두껍아. 헌 집 줄게 새 집 다오." 어렸을 적 모래 장난을 하며 즐겨 부르던 전래동요다. 언제부터인가 우리네 염원 중 으뜸이 새 집이었던 모양이다. 우리나라엔 아직도 헌 집이 많다. 전쟁 후 폐허 속에서 70~80년대까지 여러모로 부족했던 시절에 엉성하게 지어진 집들이 문제다.

LH공사의 자료에 따르면, 서울시의 노후화 주택수만도 20%에 이른다. 헌 집은 대부분 과거 덜 갖춰진 도시 구조 속에서 어쩔 수 없이 남겨져 있다. 헌법 제35조 ③항에는 "국가는 주택개발정책 등을 통해 모든 국민이 쾌적한 주거생활을 할 수 있도록 노력해야 한다"라고 명시해놓고 있다. 뉴타운이든 도시 재생이든 주거복지가 되는 '강북 개조'를 해서라도 국민의 염원은 해결되어야 한다. 20130224

5 | 6

5. 도쿄에서 나리타 공항 가는 길에 있는 치바현 신도시 '마쿠하리 베이타운'. 뚜렷한 중정형 아파트로 구획된 시가지가 보인다. 6. 은평 뉴타운 3단지 중정형 아파트

© 최순영

내가 살아가는 도시, 서울

정양희(서인엔지니어링 대표, 공간그룹 도시본부 사장)

© 최순영

도시계획은 공공정책Public Policy의 핵심 틀이다. 정치적 구호가 정책으로 변환되는 속도가 빠른 우리나라 같은 경우 이 공공정책은 지나치게 바람에 휘둘린다. 성장만 알던 1900년대 말에 서울의 상황은 겨우 10여년 전의 일인데도 지금과는 상당히 다른 국면에 있었다. 그러다 IMF의 광풍이 지나고 나서 그 후유증에 시달리다 겨우 허리 좀 펴려는데 이번엔 IMF와 비슷한 상황이 2008년의 금융위기로 다시 나타나버렸다.

은평 뉴타운 같은 경우는 그 사이에 놓여 있다. 주택이 부족해서 뉴타운을 건설하자고 했는데 경기가 나쁘다는 핑계로 또는 시장이 바뀌었다고 하던 것을 다 집어치우려는 분위기이다. 무리하게 정책을 입안했던 원죄가 일부 있다 보니 '아니오'라고 하기도 그렇고 하여튼 꼬여버렸다. 그것도 심하게…. 이게 그냥 물릴 수도 없는 것이 물릴래도 막대한 재정이 필요하다. 처음 시작할 때만 하더라도 이럴려는 게 아니었는데…. 원래는 서로 다른 입지에 서로 다른 성격의 '뉴타운 인타운New Town in Town'이 되기를 희망했던 것이지만, 원대로 되지 않고 있는 것도 사실이다. 우리의 경우 주택은 대부분 재산 구성의 첫 번째 요소이고 그러다 보니 조합원들은 그 재산을 최대한 늘이려고 한다는 것은 요즘 같은 사회 분위기에서는 수긍이 가는 면도 있다. 그러니 용적률과 층수확보로 대표되는 대규모 도시재정비사업이 항상 주민들과의 마찰을 일으키는 현실은 당혹스럽기 그지없는 문제이다. 본질적인 갈등 요인이다.

대체로 리우 환경회의 이후의 추세는 자연과 도시의 결합을 강화하고 소위 용도지역지구제의 한계에 대하여 토지이용계획의 다중복합화로 극복하려는 움직임이 나타났다. 또 시가지의 외연적 확산을 대신하여 기존 시가지를 재개발 혹은 재정비하려는 것도 그와 다름아니다. 이것은 아직도 유효하고 앞으로도 상당기간은 그럴 것이다. 청계천복원사업이 시민들의 지지를 얻었던 것도, 뉴타운이라는 이름의 도시정비사업이 대두된 것도 따지고 보면 자연스러운 시대의 흐름 속에 있었다.

얻은 것도 있다. 은평 뉴타운이 시작되고 나서 그나마 몇 가지 변화의 조짐이 보인다. 주거유형을 다양화해야 한다는 명제는 늦었지만 다행이다. 무엇보다도 도시의 길을 회복하고 그 길은 주거지 내 주민 소통의 또 다른 장소가 되길 바란다. 주거형이 고층화냐 저층고밀이냐를 놓고 어느 한쪽만을 편드는 것은 부질없는 일일 것이다. 부디 고층화만이 능사가 아니라는 것을 빨리 알아챌 날이 왔으면 좋겠고, 동네의 분위기를 유지하는 것이 좋은 곳이라면 길을 살리면서 아기자기한 주거지가 되었으면 좋겠다. 정책입안에 직간접적으로 관계하시는 분들에게도 당부하고 싶다.

도시의 매력은 다양성에 있지 않은가! 모든 면에서 다양한 양식, 형태의 도시가 되도록 앞장서주었으면 하고 동시에 주민들은 내가 사는 서울을 두바이나 홍콩으로 착각하지 않기를 바라는 마음이다.

다른 듯 닮은 귀농, 귀촌 20가구

지리산 작은 마을

© 최순영

“나의 살던 고향은 꽃피는 산골”

도시생활에 지쳐갈 즈음 흙냄새 나는 고향이 물씬 그리워진다. 이도 저도 안 풀리는 인생사가 공기 나쁘고 인심 사나운 도시환경 탓이라 여겨지면 더욱 귀농·귀촌에 솔깃해진다. 1600여 년 전 중국 땅에서 도연명陶淵明 선생도 낮은 관직에 매달려 심위형역心爲形役, 마음고생하다가 때려치우고 낙향하면서 저 유명한 귀거래사歸去來辭를 남겼다.

雲無心以出岫 鳥倦飛而知還
구름은 무심하게 산 위에서 피어오르고
날다 지친 새들은 둥지로 돌아오네

가족들과 자기 집이 있는 고향으로 돌아온 선생과는 달리 낯선 동네에서 새 출발을 하려는 귀농·귀촌인들에게는 집 문제가 가장 중요하고 어려운 선택이다.

‘지리산 작은 마을’은 통일신라시대 창건한 유서 깊은 사찰 ‘실상사’가 있는 남원시 산내면에 위치하고 있다. 지리산 북쪽에 경상남도 함양군과 맞닿아 있는 이곳 산내면은 예전부터 지리산 정상인 천왕봉을 남향으로 마주하고 있는 길지로서 유명하다. 실상

1 | 2

1. ‘지리산 작은 마을’의 16호집
2. ‘지리산 작은 마을’은 가운데 길을 중심으로 왼쪽에 아홉 집 오른쪽에 열한 집, 총 20가구가 함께 살고 있는 마을이다.

사 도법스님이 앞장서온 귀농학교는 IMF 사태로 온 국민이 어려움에 처했던 1998년에 시작했다. 학교를 마친 이들이 주변 마을에 정착하면서 점차로 살 곳과 살 집이 부족하던 차에 2007년 귀농학교 부지 일부에다 농림부와 지자체가 지원해 '입주자 주도형' 전원마을 사업이 출범했다. 입주자 선정 1년, 선정된 입주자들의 준비, 교육, 계획 및 사업 승인을 받는 데 1년, 마을 기반공사 및 주택설계 1년, 주택공사 및 입주 완료

1년가량씩 소요되어 2011년 7월에 뒷정리까지 끝내고 '지리산 작은 마을'이 완성되었다.

산내면 큰길에서 백일리 길로 들어서 학교에 이르는 가파른 길을 오르다 보면 조금은 넉넉하게 펼쳐진 양지바른 마을이 나타난다. 입구에 있는 마을회관과 친환경 처리시설 사이 작은 개천길 따라 좌우로 한두 채씩 총 20가구가 있다. 각자 200여 평의 남향

3

3. 지리산을 등에 지고 있는 마을

© 최순영

터에 계단식으로 자리 잡고 있고 끝자락에는 나무로 둘러싸여 편안한 풍경이 이어진다. 서룡산(해발 1,073미터)을 뒤로하고 지리산 줄기의 북쪽 끝산인 삼정산(해발 1,225미터)을 바라보면 왼편으로 천왕봉의 도도한 자태가 드러난다.

이곳의 집들은 동시에 지어졌는데도 똑같은 형태가 없이 제각각이다. 입주자들이 전

4 | 6
5 | 7

4. 19호집 거실 5. 6호집 주방 6. 19호집 7. 19호집 2층 테라스에서 보이는 산내면. 왼쪽의 산이 지리산 자락의 북쪽 끝산인 삼정산이다.

ⓒ 최순영

문가들의 도움을 받아 심사숙고한 끝에 '자유설계' 방식을 채택했기 때문이다. 처음부터 CMConstruction Management으로 계약하여 건축과정의 여러 전문가들과 폭넓은 소통을 이뤘기 때문에 가능한 일이었다. 같이 공부해 가면서 정한 '건축 가이드라인(예산에 맞는 35평 규모의 미니 2층집, 서양식 목구조로 하되 한옥의 장점 요소를 접목하기, 친환경 자재의 사용 및 자연 발효식 생태화장실 설치 등등)'은 각기 다른 형태 속에서도 공통으로 지켜진 룰이다. 시공 또한 건설회사로서는 꺼리는 '직영' 방식으로 계약하여 주민 스스로가 직접 참여함으로써 인건비, 간접 노무비 등의 절약은 물론 집안 곳곳의 공사

© 최순영

상태를 파악하게 되어 추후 집안을 손볼 때에도 자력으로 가능하게 되었다.

각 가정의 구성과 라이프스타일에다 가족 모두의 꿈을 더해 이루어진 다양한 자유설계안들은 이곳 '지리산 작은 마을'의 한 집, 한 집을 방문하는 즐거움을 준다. 실내에 토방처럼 맨흙바닥을 다져서 생태적인 환경을 조성한 집, 옛 방식대로 구들을 깔고 장작을 때면서 음식 조리와 난방을 동시에 해결한 집 등 각자의 개성이 물씬 배어나고 있다.

1호집 J 씨 "고향에서의 어릴 때 추억이 이곳으로 이끌었습니다."

3호집 J 씨 "조금은 불편해도 덜 먹고, 덜 쓰고 간소한 삶을 살고 싶습니다. 그 불편한 삶 속에 참 내가 있음을 발견하고 싶습니다."

6호집 K 씨 "산을 그리워하고 살다가 그 품에 살 수 있는 때가 온 것 같습니다."

9호집 Y 씨 "어울려 가면서 살맛나는 삶을 꾸려나가고 싶습니다."

13호집 Y씨 "있어야 할 곳, 자연과 내가 하나이고 너와 내가 하나인 본연의 삶을 찾고 싶습니다."

고향으로 돌아가는 게 아니라 새로운 고향을 세우는 일에 다 같이 적극적이어서 가능한 일이었다.

귀농·귀촌 인구가 가파르게 늘고 있다. 농촌진흥청 통계에 따르면, 귀농의 경우 2002년 769가구에 불과했는데 2010년 3천여 가구에서 2011년부터는 급격히 1만 가구를 상회하고 있다. 베이비부머들의 은퇴에 따른 선택이자 도시화율이 90% 가까이 이를 때 생기는 전원회귀현상으로 분석되고 있다. 선진국 사례에 따르면, 80%대에서 안정되는 경향이므로 우리나라의 경우 향후 10~20년 안에 대략 20만 가구의 신규 수요가 예상된다. 이런 추세와 발맞추어 지난 4월말에는 '농어촌 마을 주거환경개선 및 리모델링 촉진을 위한 특별법'이 국회를 통과했다. 농어촌 주거의 20%에 해당하는 40만 호 정도가 심각하게 노후화되어 주거복지 차원에서 개선해주는 사업이 중앙정부 주도하에 시작될 것이다. '제2의 새마을운동'까지 예상되는 시점이다.

"도시를 버려야 전원을 얻는다." 귀농·귀촌인들을 위한 적절한 문구다. 도시생활에 대한 미련에 더해 낭만적인 생각만으로는 전원생활이 지속되기 힘들다. 정부의 지원사업을 도맡고 있는 박정승 귀농·귀촌종합센터장은 "인생을 거는 선택으로서 벤처창업과 마찬가지로 철저히 준비해야 한다"고 조언한다. 20130623

8 | 9

8. 지리산 작은 마을의 한 가운데를 지나가는 작은 내에서 삼정산을 보았다. 9. 마을회관 앞마당

보기에 좋은 집보다 살기 편안한 집

임선영(5호집 주인)

지리산 천혜의 자연을 품고 만들어진 귀농·귀촌 마을. 각자 자기들만의 생각과 욕심으로 지어진 집들을 보며 이제는 조금씩 마음이 바뀌어가고 있습니다. 집을 처음 짓다 보니 다양한 공간들이 필요했고 집의 평수가 넓어지면서 건축비는 생각보다 많이 늘어났습니다. 그런데 필요에 의해 만들어진 집에서 3~4년 살다 보니 자연 속에서 집을 지을 때는 실용성을 다시 한 번 생각해봐야 할 것 같습니다. 3~4인이 사는데 그렇게 많은 공간이 필요하지 않은데 말이죠. '누가 오기라도 하면…' 하고 생각하면서 만든 방들과 '보여주기 위한 집'이 이제는 관리하기에 많은 비용과 시간이 드는 것을 뼈저리게 느끼고 있습니다. 긴 겨울의 추위 이기는 방법을 터득해가면서 한 고민들이 그다지 필요 없었다는 생각도 합니다. 겨울은 추워야 하는 자연 이치를 우리는 극복의 대상으로 생각하고 잊지 않았나 생각이 듭니다. 추울 땐 많이 입고, 좀 춥게 사는 것이 자연과 함께 사는 것이 아닌가 생각합니다.

그리고 친환경적이라는 말이 무언지 다시 한 번 생각해봅니다. 자연과 가까워질수록 자연을 그대로 느끼고 즐기는 것이 아닐까요? 자연과 가까워지는 삶을 살아가는 것은 불편을 당연시해야 하고 그 속에서 소비적인 생활 패턴을 버리고 생산적인 삶으로 돌아가야 합니다. 옛날 방식이 힘들 수도 있지만 그 속에서 땀의 가치를 배우고, 자연의 소중함을 하나씩 터득해나가는 나를 바라보면서, 자연 속에서 편안함을 즐길 수 있는 몸이 만들어져가네요. 누구나 생각하는 집의 가치는 그곳에 사는 사람이 가장 편안하고 안락한 곳이 아닐까요? 밖에서 보는 외적인 모습, 내부의 갖가지 인테리어 치장들, 보기에는 좋을 것 같지만 매일 같은 공간에서 지내야 하는 사람에게는 무슨 의미가 있을까요. 살다 보니 집에 대한 생각들이 변하고 있네요. 보기에 좋은 집도 살다 보면 많은 문제가 있듯이 내가 지내면서 스스로 고쳐 나갈 수 있는 나만의 집을 짓고 싶다는 생각이 많이 듭니다. 생전 처음으로 지은 집이라 고생도 많았고, 나름대로 생각도 많이 했으나 자연과 함께라는 가장 중요한 부분을 잊고 짓지 않았는지 반성을 해봅니다.

그리고 귀농·귀촌이 많아지기를 기대해봅니다. 그러나 도시에서 살던 가치관을 버리고 오시면 좋을 듯합니다. 돈보다는 노동을 소중히 생각하고, 불편을 창조의 달인으로 개조할 수 있는 그런 마음을 가지고 오세요. 그러면 시골생활이 좀 더 편안해집니다. 하지만 시골은 나름의 풍토가 있고 문화가 있는 곳이라, 나를 내려놓지 않고 살기란 녹록치 않은 곳입니다. 자연이 좋아 시골에 왔지만 나중에 사람이 싫어 떠나는 경우가 있습니다. 글에는 산 좋고, 공기 좋은 산촌마을로 그려주셨는데, 그 속에는 사람들이 살고 있으며, 서로 다른 사람들이 살다 보니, 의견이 안 맞을 때도 많아 싸우기도 하고, 소통이 잘 안 되어 서로 감정이 쌓여 한마을에서 불편하게 살아가야 하는 경우도 있습니다. 사람 사는 데 어디를 가더라도 똑같겠지만, 시골에서의 생활은 나를 내려놓지 않으면 힘들게 살아가야 합니다.

시골에 오실 때 마음 단단히 먹고 오시라는 말, 다시 한 번 해봅니다. 힘들수록 처음 가졌던 마음 잃지 않고 오래오래, 내가 좋아하는 자연과 사람들 속에서 정을 나누며, 정겹게 살아가는 모습을 그려보며 길게, 느리게, 순수하게, 자연과 함께 욕심 버리고 살 것처럼 생각하고 오셔야 힘든 역경 슬기롭게 대처할 수 있습니다. 저도 여기에 와서 많은 것을 배우고 느끼고 경험하고 있습니다. 시골에서의 삶, 욕심을 적게 가지고 사는 것이 아닐까요. 자연이 주는 너무도 소중한 것들에 항상 감사하고, 자연 속에서 나고 자라는 먹을거리를 먹으면서 넉넉하지 않지만 만족하는 삶을 꿈꾼다면, 한 번뿐인 삶 멋지게 그려지지 않을까 생각해봅니다.

최적의 집

맞춤형 도시주택

살둔 제로에너지 하우스

도시농부 타운하우스

무지개떡 빌딩

래미안 퍼스티지

게스트하우스 '수토메'

바이크 마니아를 위한 집

맞춤형 도시주택

© Hiroyasu Sakaguchi

도쿄 스기나미구杉並区의 한 주택가 좁은 골목에 들어서면 골목 끝에 하얀 건물이 보인다. 그 골목을 따라 10여 미터 들어서면 곡선이 도드라진 작은 마당이 나온다. 이 작은 마당을 면해 8개의 현관문이 마치 둥지 속 새들처럼 조밀하게 벽을 이루고 있다. 가운데 서서 하늘을 올려다본다. 둥근 우물 형상의 하늘. 빨려들어간 듯 들어선 곡선 마당에서 둥근 하늘을 쳐다보는 순간 태아의 원초적 느낌 같은 것이 전해지는 듯하다. 스기나미구 니시 에이후쿠西永福, Nishi Eifuku 지역에 있어 NE 아파트로 불리는 이곳은 오토바이 마니아들을 위한 8세대 소형 집합주택, 이름하여 바이커스 맨션biker's mansion이다.

1 | 2

1. 막다른 골목을 들어서면 건물이 보인다. 건축주가 이 토지의 구입을 결정했을 때부터 건물의 중앙에 마당을 두고 마당으로부터 각 세대에 들어갈 수 있도록 하는 아이디어를 생각했다. 마당을 곡선으로 처리해서 부드럽고 밝은 공간이 되도록 했다. 2. 전체 세대의 구성을 한눈에 볼 수 있는 모형이다. 마당을 중심으로 일곱 개의 벽을 방사형으로 세워 8세대를 만들었다. 각각의 벽은 빈터를 감싸고 있는 곡선의 벽과 직각으로 만난다. 일곱 개의 철근 콘크리트 벽은 이 건물의 구조가 된다. 방사형으로 놓인 벽은 지진에도 강하다. 그 벽 외에는 경량 철골이다.

오토바이 마니아들은 일반적인 주택단지에서는 많은 불편을 겪는다. 오토바이 둘 곳도 마땅치 않고 소음도 곤란하다. 주변의 눈총이나 불평을 견뎌야 하고 장난이나 도난의 대상이 되기도 한다. NE 아파트는 이런 문제를 해결해주는 특화상품이다. 시작은 부지였다. 좁은 골목을 지나야 다다를 수 있는 대지. 일본에서는 이런 땅을 흔히 깃대부지旗竿敷地라 부른다. 깃대에 해당하는 골목길과 깃발 형상의 네모난 땅의 조합을 일컫는다.

스기나미구는 조용한 주택가이지만 시부야·신주쿠 등 번화가와 가깝기 때문에 인기가 있는 동네다. 하지만 이런 깃대부지는 주변 건물들에 의해 막혀 있기 때문에 활용도가 낮아 땅값이 싸다. 좁은 골목길로는 차량 이용도 불가능하다. 조망도 채광도 열악하다. 따라서 중앙에 마당을 두고 건물을 둘러싸는 방법만이 유일한 해결책이 된다. 어쩔 수 없는 땅의 한계가 누군가에겐 기회가 됐다. 우선 값비싼 동네에서 비교적 저렴한 임대주택이 생겨났다. 둘째, 차 대신 오토바이로 사는 이들에게 좁은 골목길은 그들만의 전용공간이 됐다. 셋째, 중앙 마당의 곡면 공간이 훌륭한 오토바이 전시장이 되면서 마니아들끼리의 커뮤니티 공간으로도 활용됐다. 넷째는 그들만의 건물들로 둘러싸여 소음에 대한 신경을 안 써도 된다는 것이다. 다섯째로는 마당에 면한 각 1층 공간이 각자의 애차 전용공간이 된다는 것이다. 보관 및 수리가 가능하고 더구나 같이 거주할 수 있는 주륜장은 바이커들에게는 최고의 해결책이다.

다음 단계의 해결은 디자인에 있었다. 건물의 볼륨을 덜어내 마당을 만들면서 오토바이의 방향 전환을 쉽게 하는 타원형 공간을 만들었고 다시 이 공간을 군더더기 없는 미니멀한 벽체로 마무리해 공사비를 절감했다. 깔끔한 디자인으로 젊은 마니아들 취

3 | 4

3. 1층은 사람이 오토바이를 내릴 때 그 방향까지 고려해서 통로나 계단의 위치 등을 고려했다. 4. 내부의 곡선을 이루고 있는 것은 철근 콘크리트가 아닌 경량 철골이다.

© Hiroyasu Sakaguchi

향까지 부합한 셈이다. 마당을 향한 7개의 방사형 철근 콘크리트 구조 벽체는 세대별 프라이버시뿐만 아니라 지진에도 강한 구조다. 전용면적 28m^{2}에서 50m^{2}까지 각기 다른 평면 구성은 개성 강한 마니아들에게 새로운 만족감을 주기도 한다. 2층형 3세대와 3층형 A, B 두 타입 5세대로 구성됐기 때문에 1~2인 가구의 선택 폭을 넓혀주고 있다. 특히 좁은 공간을 디테일이 강한 일본식 마무리로 해결해 가장 인기 좋은 임대주택으로 변신, 부동산 가치 또한 높이고 있다.

이 집으로 2009년 도쿄 건축상 최우수상을 수상한 나카에 유지中永勇司, http://nakae-a.jp는 이렇게 말했다. "특화된 디자인으로 차별성을 추구하면 수요자가 충분히 있다고 생각했다. 혼자 사는 사람들은 취미생활을 즐기며 사는 경우가 많기 때문에 이를 활용하면 수요도 꾸준하고 사회 문제로 대두되는 커뮤니티 부재 현상도 해결할 수 있을 것이다." 이른바 콘셉트 맨션concept mansion의 가치를 내건 이유다.

콘셉트 맨션이란 주택 수요자의 모든 조건, 즉 경제적 여건이나 라이프스타일 또는 직업이나 취미까지를 고려해 설계하는 이른바 맞춤형 소형주택을 말한다. 수요자의 눈높이에 맞게 패션이나 음악처럼 다양한 스타일의 주

5 | 6

5. 2층에 있는 주방과 식당이다. 벽뿐만 아니라 창의 유리도 커브다.
6. 1층에는 오토바이 주차장이 있고 2층과 3층이 주된 생활공간이다.

© Hiroyasu Sakaguchi

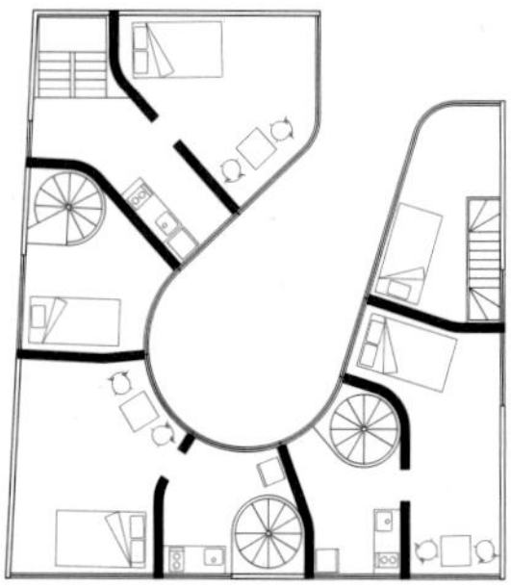

3층 평면도

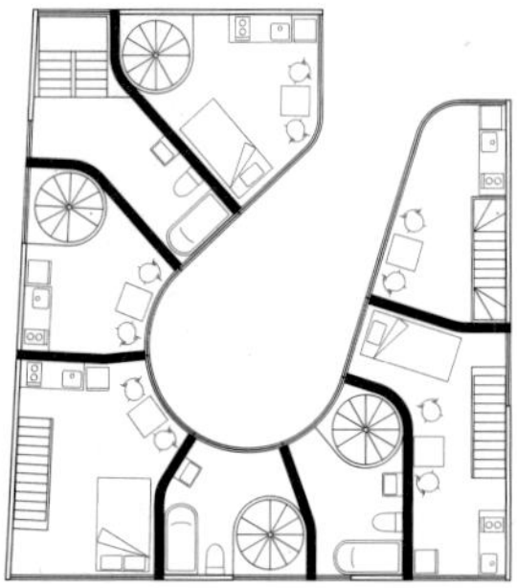

2층 평면도

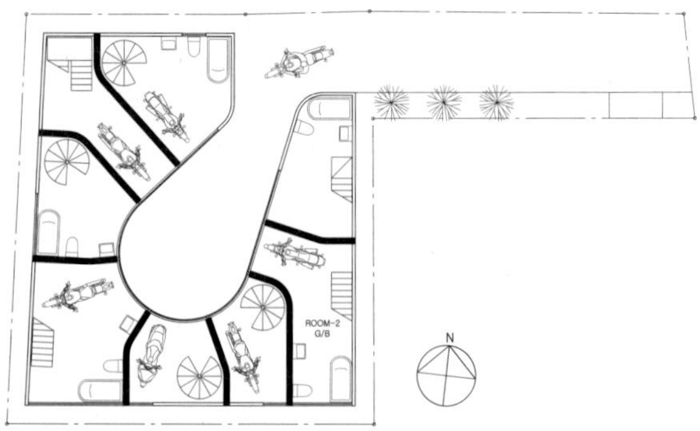

1층 평면도

거 형태가 요구된다. 도쿄 세타가야구世田谷区에 있는 MM 아파트도 이와 유사한 경우다. 이른바 뮤지션 맨션musician mansion이다. 이 동네에는 30초당 1대 간격으로 전철이 통과한다. 이른바 기찻길 옆 오막살이 형국이다. 근처에는 메이지 대학이 있고 가까운 거리에 시부야 · 신주쿠 등 번화가도 있어 접근성에서 젊은 수요층이 많다. 전환 포인트는 전철의 소음을 역으로 이용해 뮤지션들이 맘 편하게 연주할 수 있도록 집 안에 스튜디오를 구성한 것. 소음에 소음으로 맞불을 놓은 셈이다.

결국 건축가는 어떤 사람인가. 일차적으로 수요자의 눈높이에서 설계하고, 건축주의 욕구도 만족시켜야 하며, 궁극적으로는 도시를 더불어 사는 공간으로 창조해내야 한다. 일본에는 전용 50m^2 미만의 소형주택이 약 1000만 가구로 전체 가구수의 20%가량 된다. 도쿄는 전체 570만 가구 중 1~2인 가구가 차지하는 비중이 70%에 이른다. 따라서 1~2인 가구용 임대주택 사업은 중요한 수익형 부동산 상품이다.

우리나라의 인구 구조나 사회 여건 변화는 급속히 일본을 따라가고 있다. 최근 발표한 통계청 자료에는 올해부터 1~2인 가구 수가 50%를 넘어섰고, 특히 1인 가구 비율(25.3%)은 30%대인 노르웨이·일본·영국이나 미국(26.7%)의 수준까지 육박하고 있다. 국가별 통계보다 더 중요한 것은 대도시권의 통계수치일 것이다. 도쿄의 경우 1인 가구 비율이 42.5%라니, 이를 쫓아가는 서울의 미래는 과연 어떻게 될까. 부동산 침체 속에서 주거용 오피스텔이나 도시형 생활주택 정도만이 팔리고 있는 요즈음, 콘셉트 맨션, 즉 맞춤형 주택은 우리에게 많은 생각거리를 던져준다. 20120624

7 | 8 / 9

7. NE 아파트 평면도 8. NE 아파트 위치도 9. 2층 욕실이다. 나선 계단이 곡선의 벽에 붙어 있어 여유 공간이 많이 생겼다. 도쿄 아파트의 욕실은 매우 작은 편인데 NE 아파트는 넓고 밝은 욕실로 인해 인기가 더 많았다.

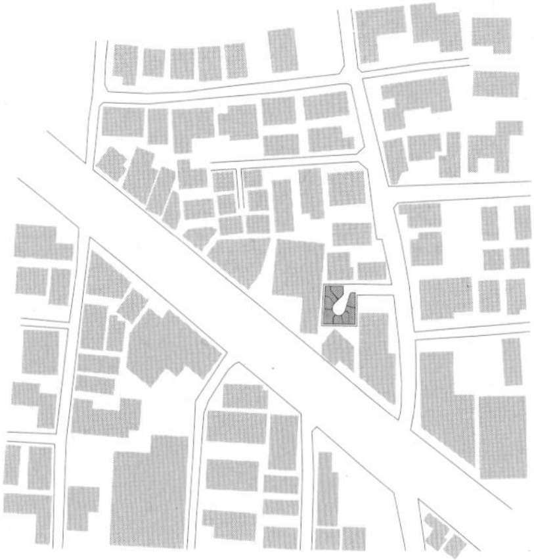

위치도

© Hiroyasu Sakaguchi

한국과 일본

나카에 유지(나카에아키텍츠 대표)

© 나카에 유지

한국과 일본에서 설계를 하고 하나의 건물을 짓는 데까지 어떤 점이 다르고 어떤 점이 같은가

일본과 한국 간에는 닮은 부분도 많이 있지만, 전혀 다른 부분 또한 존재한다. 이것은 건축에 관해서도 공통되는 부분이 있다. 건축 관련 법규는 일본과 매우 흡사하기 때문에 설계에 관해서는 큰 문제가 없다. 한편으로는 설계나 공사에 들어가는 시간이 일본에 비해 매우 짧고 공사에 걸친 상식도 일본과는 상이한 부분이 있어 망설이게 되는 경우도 많다. 일본은 설계 및 검토 등의 시간에 너무 많은 시간을 투자하는 경향이 있기 때문에, 오히려 타이밍을 놓치거나 불필요한 경비가 들어가는 경우가 있지만 그만큼 시행착오가 적다. 한편, 한국에서는 일의 진행이 스피디하게 진행되기 때문에 비지니스로서의 메리트가 있지만, 설계와 검토에 들어가는 시간적 여유가 부족한 경향이 있어 시행착오의 리스크가 높다. 어느 쪽이 바람직하다고 단언할 수는 없지만, 그때그때 상황에 맞게 밸런스를 두면서 디자인뿐만 아니라 획기적인 콘셉트나 품질을 갖추어 사회적 가치가 높은 건축물을 공급해나가고 싶다.

자기 집을 짓고자 하는 건축주에게 당부하고 싶은 것은

최근 한국에서도 단독주택이 유행하고 있다. 사실 자신들의 살 집을 직접 부동산에서 찾아내어 구입하는 것에 비해 無에서부터 건축가와 함께 집을 만들어가는 것은 많은 번거로움이 있다. 하지만 집의 구조나 배치 등을 직접 구상하고 또 그렇게 지어져가는 자기만의 특별한 집을 보는 것만큼 행복한 꿈은 없다고 생각한다. 그렇기 때문에 제가 건축주에게 당부하고 싶은 것은 건축이라는 것이 단순히 즐겁기만 한 작업이 아니기 때문에 고민되거나 망설이게 되는 경우가 있어도 건축가와 건축주가 함께 극복해나가야 한다는 것이다. 그리고 위에서도 말씀드렸듯이 나 또한 생각을 하는 데 많은 시간이 필요한 일본인이라서 많은 시간이 필요하다. 그러한 점 또한 화내지 말고 조금 기다려주신다면 정말 기쁠 것이다.

집은 무엇이라고 생각하는가?

말할 필요도 없이 가족을 위한 공간이다. 그것은 한국이나 일본이나 구분 없이 공통된 점이다. 만약 혼자 생활을 한다고 하면 바이커즈 맨션과 같이 그 사람의 취미에 맞춘 공간만으로도 만족할 수 있겠지만, 그러한 공간은 대부분의 경우 한평생 필요로 하지는 않는다. '가족을 위한 집'은 가족이 일상을 즐겁고 행복하게 보낼 수 있게 하는 장소이며, 그 때문에 존재하는 공간이다.

앞으로 집에 대한 수요가 어떻게 바뀔 것이라 예상하는가

일본과 같이 핵가족화, 만혼화, 저출산이 진행된다고 한다면, 그 영향을 받아 주택의 수요 또한 변해갈 것이다. 특별히 서울을 비롯한 대도시에서는 그 경향이 더욱 강하게 나타날 것이다. 현시점에서 실제로 공급되고 있는 오피스텔을 보아도 문자 그대로 오피스와 호텔 같은 공간이 보금자리로써의 기능을 하는 것이 정말 괜찮을까 하는 의문이 든다.
클라이언트가 부동산 개발자 등과 같은 법인일 경우는 어디까지나 비즈니스로써의 목적으로 건물을 지으려 하기 때문에 위와 같은 사회적 상황에 입각한 요구를 충족시키기는 어렵다. 그에 반해 우리의 제안은 그 요구에 기본을 둔 것이다. 개인적인 의뢰에 의한 특정의 한 가족을 위한 집을 짓는다면 서로 커뮤니케이션을 통해 그들만의 독창적인 제안을 받아들일 수 있는 것이다.
한국의 주거공간은 앞으로 보다 다양화될 것이다. 우리가 하고 있는 일들이 보다 풍요로운 주거공간의 창출을 위한 의미 있는 활동이 될 수 있도록 노력할 것이다.

보일러 없이도
한겨울 실내 온도 20도

살둔 제로에너지 하우스

강원도 홍천의 '살둔 제로에너지 하우스'. 47평 규모의 이 집은 건축비가 평당 400만 원가량 들었다. 겨울철 한 달 유지비가 5~6만 원선에 불과하다. 현재 이 양식을 참고해 전국에 10여 채가 지어졌다.

2012년 6월 20일부터 3일간 브라질 리우데자네이루에서는 리우+20 제3차 유엔 지속가능발전회의가 열렸는데, 글로벌 경제위기와 미국·중국을 비롯한 강대국들의 권력 교체기와 맞물려 성과 없는 회의가 됐다. 24년 전인 1992년 1차 회의에서는 기후변화협약을 체결하는 등 지구환경에 대한 구체적인 리우 선언이 있었고, 이에 따른 1997년 교토의정서에 의해 선진 38개국은 1990년을 기점으로 2008~2012년까지 평균 5.2%의 온실가스를 감축하기로 했다. 리우 선언과 교토의정서에 의한 기후변화협약이 무기력하게 된 지금, 하나뿐인 지구가 위험하다. 급증한 기후 관련 재해·재난 속에서 세계적인 리더십에 기대를 걸었던 많은 이의 걱정도 늘고 있다. 게다가 2012년은 석유 정점peak oil의 해이기도 했다. 투자전문가 제프 시겔은 최근 『재생 가능 에너지에 투자하라』는 책에서 기존 연구의 모든 자료를 분석해본 결과, 투자적 측면에서의 피크 오일은 2012년이라고 단정했다. 피크 오일의 문제는 높아지는 원유가와 공급량 감축 등으로 우리나라처럼 수입에만 의존하는 에너지 소비 국가에는 치명적이다.

1 | 2

1. '살둔 제로에너지 하우스'의 남측 전경. 남향창의 면적은 바닥면적 대비 최대 15% 이내가 좋다. 2. '살둔 제로에너지 하우스' 내부. 겨울철, 남향창을 통해 깊숙이 들어온 햇빛

이대철 선생 십여 년 연구의 결실

피크 오일에 관한 국가적 차원의 걱정에 대비하고자 지어진 집이 있다. 강원도 홍천 산골에 있는 '살둔 제로에너지 하우스'다. '살둔'이란 지명은 생둔生屯이라고도 하며 '살 만한 언덕'이고 '여기에 머물며 산다'라는 뜻이다. 워낙 오지여서 임진왜란이나 한국전쟁 때에도 안전했고, 세조에 반대해 단종 복위를 꾀했던 사람들이 숨어 살았다는 이야기도 전해오는 곳이다. 정감록에는 '삼둔사가리'라 하여 방태산 주변 일곱 곳을 일러 피난처로 기록했다. 삼둔은 홍천군 내면 지역 방태산 남쪽 내린천변에 있는 살둔·월둔·달둔이고 사가리는 방태산 북쪽 인제군 기린면 지역에 있는 적가리·아침가리·연가리·명지가리를 말한다. 이런 세상 끝 같은 곳에서 '21세기 노아의 방주'를 만들겠다는 이가 있다. 30여 년 전 일찍이 전원주택을 지어 자연친화형 삶을 살았고, 이를 통해 1997년 『얘들아, 우리 시골 가서 살자』라는 책으로 일반인에게도 알려진 이대철 선생이다. 에너지 수요를 줄이는 주택 개발을 위한 십여 년간의 연구와 돈키호테 같은 의지가 결실을 본 이 살둔 집은 지식과 지혜로 가득하다. 외부 에너지, 특히 화석에너지를 전혀 사용하지 않는 온전한 제로에너지 하우스는 국가나 기업도 성취하지 못한 큰 사건이다.

3. 거실. 실내에 효율적인 열저장체thermal mass를 많이 갖는 것이 중요하다. 타일로 마감한 바닥, 내화벽돌로 된 벽난로, 점토벽돌로 된 내벽 등이 사용된다. 4. '살둔 제로에너지 하우스'는 강원도 홍천의 산골에 있다.

© 최순영

너무 넓지 않게, 단순하게 지어라

일단 이 집엔 난방용 보일러가 없다. 혹독한 추위로 유명한 강원도 산골집에 난방 보일러 없이 살 수 있을까? 보조 열원인 벽난로만으로 한겨울에 20~22도를 유지한다는 이 집의 비결은 다음과 같다.

첫째는 절약이다. "1kwh를 아끼는 것은 1kwh를 만드는 것보다 훨씬 가치 있다"는 철학이다. 패시브 하우스라고도 불리는 절약형 주택의 출발은 적정한 면적과 단순한 형태에 있다. 선생이 경험한 바에 따르면 "건축가가 설계한 집은 복잡하다. 따라서

© 최순영

건축비도 비싸고 열 손실이 많아진다. 복잡한 형태는 유지관리도 어렵다." 결론적으로 동서로 긴 남향집에 30평 규모(7×14m) 이하를 권장한다.

둘째는 가장 중요한 단열이다. 불리한 외부 환경을 최대한 차단하고 집 안의 온·습도 조건을 균질하게 유지하는 고유의 셸터shelter 기능을 말한다. 선생의 결론은 미국의 자재 전시회에서 발견했다는 SIPsStructural Insulated Panels이다. 불에 안 타고 안전한 두께 200mm 스티로폼 양면에 합판 대용의 친환경 소재 OSBOriented Strand Board를 붙인 구조용 외벽재다.

셋째는 창호의 문제다. 창호 자재의 선택이나 시공상 주의하는 것 이상으로 위치와 크기 문제가 중요하다. 유리창은 집 디자인에서 결정적 요소다. 집에서 보는 전망이나 보이는 외관보다 겨울철 햇빛에 의한 열 에너지원과 자연환기의 기능적 조건이 중요하다. 따라서 지역의 위도와 최저 기온, 창의 방향과 창호의 종류, 실내 열저장체와의 관계까지 분석 대상이 된다. 비싸지 않은 시스템 창호, 햇빛이 중요한 남쪽은 로이코팅된 2중창과 나머지는 3중창, 바닥면적 대비 남향창의 면적은 최대 15% 이내, 단열 덧문은 관리가 가능한 내부에, 창틀은 PVC, 모기망은 롤업 제품으로 하는 등 각종 경험이 함축돼 있다.

넷째는 실내 축열 기능이다. 밀도가 높은 물체는 온도 변화가 느리다는 특성을 활용한다. 특히 겨울철 실내 깊숙이 들어오는 햇볕을 축열시키는 것이 핵심이다. 실내에

5 | 6

5. 진입로에서 바라본 '살둔 제로에너지 하우스' 6. 이 집의 유일한 난방 장치인 벽난로

효율적인 열저장체thermal mass를 되도록 많이 갖는 것이 중요하다. 타일로 마감한 바닥, 내화벽돌로 된 벽난로, 점토벽돌로 된 내벽 등이 사용된다.

다섯째는 숨 쉬는 집이다. 단열이 잘된 패시브 하우스는 겨울철 환기가 문제다. 따라서 실내온도를 유지하면서 환기를 적절히 하는 방법으로 전열교환기HRV, Heat Recoverable Ventilation를 사용한다. 친환경 자재를 사용해 유해가스 발생을 최소화하는 것은 필수다. 마지막으로 보조 열원이다. 잘 구성된 패시브 하우스는 일반 주택에서 사용되는 에너지의 10% 미만으로 난방이 가능하다. 하지만 겨울철에는 맑은 날이

© 최순영

50% 정도이기 때문에 보조 난방이 필요하다. 까다롭긴 하나 잘 선택한 벽난로는 축열 기능과 더불어 중요한 보조 난방 수단이다. 또 주택에서 필요로 하는 전기를 공급할 수 있는 태양광 발전도 필수다.

이 집은 이런 모든 지적 연구의 성과물이다. 뒤편에 있는 목공장에서는 선생의 땀과 열정을 한눈에 볼 수 있다. 망치박물관을 차릴 정도의 장비에 대한 집념도 기인 수준이다. 현대판 '합리적 기인'인 이대철 선생만이 이룰 수 있는 길인 것 같다.

2011년 대한민국 녹색기후상 대상 등 국내에서 상도 여럿 받았지만, 국가나 기업에 손 내밀지 않고 꾸준히 제로에너지 하우스의 보급을 위해 지금도 실천 가능한 사업만 하나씩 쌓아가는 선생의 업적을 보면서 건축가로서 부끄럽다. 그래서 이 글은 집에 대한 이야기라기보다는 한 사람에 대한 이야기일 수밖에 없다. 20120722

1 | 2

1. 집 앞 개울까지 이어진 산책로. 데크를 인공적으로 조성했다. 2. 집 주인이 모은 각종 망치들

© 최순영

텃밭 정원 딸린 층층집

도시농부 타운하우스

아이들은 마당 있는 집에서 사는 게 좋다. 흙이 있는 풀과 꽃, 나무 그리고 벌레나 새 등 자연과 같이 지내는 동안 많은 것이 아이에게 유익하다. 살아가면서 소중해지는 감수성이 무럭무럭 자란다. 아이들은 골목 있는 동네에서 노는 게 신난다. 만나서 부딪치고 깔깔대고 싸우고 돌아서서 뛰놀고 남들과 더불어 사는 과정에서 부쩍 크는 자신을 알게 된다. 타인을 배려하며 공감하는 능력을 자연스레 터득하게 된다. 아이들은 자기만의 공간을 갖는 게 바람직하다. 혼자 놀고 공부하고 혼자서 울음을 삼킬 수 있는 다락이나 계단 밑, 장롱 속 등 조그마한 공간 속에서 견뎌내야 할 삶의 큰 공간들을 깨닫게 한다. 크면서 꼭 필요한 생각하는 힘을 키울 수 있다.

경기도 파주 운정 신도시에 인접한 '도시농부' 타운하우스 마을은 아이를 가진 30, 40대 부부들에게 맞춤형 주거지다. 운정역 뒤편으로 도보 10분 거리에 있는 이곳은 계획된 개발구역이 아니다. 띄엄띄엄 집들이 있던 마을에 신도시 개발과 때맞춰 기반시설을 공유할 수 있는 이점 때문에 사업이 가능해졌다. 처음 1단지 20가구는 운정 신도시 입주가 이루어진 2009년에 기획해 2010년 분양이 완료됐다. 도시농부라는 콘셉트로 높은 관심 속에 분양에 성공했고, 입주 후 만족도가 높아 본격적인 마을 만들기가 시작됐다.

1 | 2

1. 도시농부 3단지의 스킵플로어 형태의 내부 구조. 스킵 플로어skip floor라는 반층형 구조형식은 좀처럼 우리나라에서 보기 드문 구조다. 계단을 중심으로 반층씩 엇갈려 배치된 공간구조는 3층의 건축 형태를 7개의 실내공간과 1층 마당, 옥상 발코니 등 총 9개의 독립적인 공간을 제공한다. 2. 도시농부 2, 3단지

운정 신도시 아파트 분양가와 비슷

총 5개 단지 250가구로 이루어진 이 마을은 울타리가 없다. 일반적인 개발사업 단지나 신도시 아파트 단지 같은 경계가 없다. 기존에 사용되던 마을길을 이용해 골목길이 이어진다. 따라서 영역 구분이나 단지의 대문이 필요없다. 마을에 들어서면 2, 3층의 올망졸망한 집들이 다양한 채색으로 녹색 정원과 어울려 아름다운 풍경으로 다가온다.

불황과 주택경기 침체 우려 속에서도 인근 운정 신도시의 새 아파트 분양가와 비슷한 가격으로 2011년 분양을 성공시켰다. 땅콩집처럼 새로운 흐름에 맞춰 수요자 눈높이에서 세세한 부분까지 준비해나간 기획력이 돋보인다. 건축을 전공한 최용덕 대표의

© 최순영

© 최순영

© 최순영

디자인 능력도 한몫한 것 같다.

우선 2, 3단지의 새로운 수직형 주택 구조는 차별화된 상품으로 가장 인기가 높다. 아파트생활의 단조로움에 대한 대안으로 내건 '평범한 수평보다 개성 있는 수직이 좋다'는 슬로건은 실험적이다. 스킵 플로어skip floor라는 반층형 스타일은 우리나라에서 좀처럼 보기 드문 구조다. 계단을 중심으로 반 층씩 엇갈려 배치된 공간 구조는 3층의 건축 형태 안에 7개의 실내공간과 1층 마당, 옥상 발코니 등 총 9개의 독립적인 공간을 제공한다. 그 덕분에 재택 근무자나 자기 취미생활이 주된 주민들 입장에서는 독자적인 공간을 활용하는 것에 대한 만족도가 매우 높다.

둘째로는 DO 시스템이다. '당신의 수고로움을 위로한다'라는 목적 아래 도시생활과 아파트생활의 편리함에 익숙해진 수요층들을 위해 단독주택이나 전원주택의 단점을 해결하기 위한 서비스 프로그램이다. Do it, 즉시 실행한다는 뜻으로 여덟 가지 프로그램이 있다. ① 폐쇄회로TVCCTV를 이용한 24시간 보안 서비스 ② 출퇴근 및 등·하교를 돕는 셔틀버스 운행 ③ 청소 등 클린 서비스 ④ 세탁수거 서비스 ⑤ 유아방 서비스 ⑥ 돌보미 서비스 ⑦ 택배 서비스 ⑧ 녹색 정원 서비스 등이다. 아직은 입주가 완료되지 않아 시행사인 '도시농부'가 관리사무소 기능을 대신하고 있다. 앞으로 250가구가 전부 입주해 비즈니스 모델을 만들게 되면 주민 자치모임에서 관리규약과 함께 시스템화시킬 예정이다.

4 5
3

3~4. 단지 내 골목 5. 2, 3단지

셋째는 올해부터 문을 연 브런치 바 '아무거나A'muguna'다. 하루 세 끼 식사를 제공하기 위한 식당으로 출발했는데 지금은 주민들의 열렬한 호응 속에 주민센터 기능까지 구심점 역할을 톡톡히 하고 있다. 맞벌이 부부에게 절실한 이른 아침 저렴한 아침식사, 출근 및 등교 뒷바라지를 마친 전업주부들의 브런치 수다방, 돌잔치나 집들이 같은 손님 행사에 지쳐가던 부부들을 위한 우아한 연회 장소 등 다양한 활용은 변두리 전원생활에서 누리기 힘든 새로운 해결책이 된다. 또 2층 북카페에서는 다양한 교육 프로그램들이 재능 기부 형태로 진행 중이다. 특히 입주민 중 원어민들이 앞장서고 있는 언어교육은 참여도가 높아져 점점 활성화되고 있다.

넷째로는 도시농부 프로그램이다. 무료로 제공되는 가구당 5~6평씩의 텃밭에서는 전원생활의 즐거움과 유기농 식재료까지 수확해 먹는 기쁨을 준다.

여기에 입주민 자치모임에서 주도하는 새로운 커뮤니티 플랜들도 시작됐다. 이른바 창업지원센터 드림 팩토리Dream Factory다. '따뜻한 삶터'에서 한발 더 나아가 자체 생산과 창업을 서로 도와 일자리를 만들어내는 경제적 커뮤니티까지 새로운 실험을 준비 중이다. 전통적인 농업 경제에서의 마을 공동체가 도시형 생산자, 즉 '도시농부'의 콘셉트로 진화하는 일종의 주거문화운동으로도 볼 수 있다.

© 최순영

© 최순영

© 최순영

6 7 | 8

6. 도시농부 1단지 7. 입주민 전용 레스토랑 '아무거나' 내부 8. 레스토랑 '아무거나' 입구

우리나라에서 도시에 사는 사람은 전체 인구의 90%가 넘었다. 또 아파트 가구수가 전체 가구수의 절반을 훨씬 넘어섰다. 프랑스 지리학자 발레리 줄레조는 그칠 줄 모르는 아파트 열풍을 보고 한국을 '아파트 공화국'이라 지칭했다. 무엇이 우리를 여기까지 오게 했을까. 최근의 부동산 경기 침체와 속락하고 있는 아파트 가격 속에서도 용적률과 층수로만 계산되는 주택공급 제도들은 대체 뭘 위한 것일까. 우리의 도시생활과 주거환경의 미래는 어떤 것일까. 저 파주 변두리에서 일고 있는 조그마한 나비의 날갯짓이 향후 어떠한 의미나 가치를 창출하게 될지 지켜볼 일이다. 20120819

자연을 품은 집, 진정한 참살이가 시작된다

최용덕(도시농부 타운하우스 대표)

어떤 집에 살고 있냐는 질문에 사람들은 "강남에 24평 살아요", "분당 36평 아파트에 살고 있습니다", 아니면 "연립주택에 살고 있습니다"라고 할 것이다. 자기가 살고 있는 집을 설명하는데 5분이면 끝난다. 매일의 삶을 영위하고 아이들을 키우며 생활하는 공간임에도 말이다.

한국 사회는 오직 개발, 건설을 캐치 플레이로 앞세워 달음박질하듯 쉼 없이 달려왔다. 우리는 그간 집을 재산으로서의 가치와 규모, 얼마나 화려하고 안락한가를 기준으로 평가해온 것이 사실이다. 거기에 따른 주거생활패턴은 아파트를 예로 들면 대부분 퇴근이나 방과 후에 욕실에 가서 씻고 부엌 식탁에서 밥을 먹고 거실에서 티비를 본 후 각자 자기 집에 가서 자는 식의 지극히 평면적이고 단조롭다. 대다수의 건설회사가 작은 땅에 많은 사람들을 수용할 수 있는 아파트를 공급해왔고, 그것을 한국 사회는 별 저항 없이 받아들여왔다.

집은 시간의 흔적으로 한 켜 한 켜 쌓아 올린 기억의 탑이다. 가꾸던 나무가 있고 들창 밖, 별을 보던 하늘이 있고 그 그늘에서 나고 자란 자신의 기억이 차곡차곡 서린 곳, 그것이 진정한 집이 아닐까. 추사의 글에 "소창다명小窓多明, 사아구좌使我久坐"라는 말이 있다. 작은 창으로 들어오는 볕이 오래 앉아 있게 한다는 말이다. 그리고 명창정궤明窓淨机, 볕이 잘 드는 창과 먼지 하나 없는 깨끗한 책상은 집 주인에 대한 최고의 찬사였다. 그 시대의 방은 발 뻗으면 벽에 닿는 좁은 방이었지만 그 속의 우주는 참으로 광대무변했던 것 같다. 각별히 호사스럽지 않아도 정신의 향기가 있었다. 이러한 것이 진정한 집이라고 생각한다.

하지만 오늘날 사람들은 환전가치로만 집을 말하고 집 값 오른 소식에만 일희일비할 뿐, 삶의 터로서의 집은 잊은 지 오래되었다.

아파트 설계를 하면서 이러한 진정한 집에 대해 갈증을 느꼈다. 그래서 이 사업을 계획했다. 시작할 때는 주변에서 많은 우려를 했다. 하지만 1차는 2개월 만에 분양이 다 끝나버렸다. 사람들의 인식 속에 집의 의미가 많이 달라져 있었던 것이다. 전 세계적으로 웰빙, 슬로우 시티가 화두되어 실제로 실행 단계에 와 있으며 또 집을 투자가치가 아닌 집 본질에 대해 고민하기 시작한 것이다. 내가 사는 주거환경에 관해 관심을 가지게 된 것이다.

타운하우스라고 지금까지 만들어져 보급해오던 것은 고급형 빌라 같은 개념이었다. 국민 대다수 사람들은 엄두도 못 낼 가격이었다. 그것을 국민형 아파트 가격대로 낮추었다. 그래서 나만의 정원과 옥상 테라스 그리고 우리 가족의 텃밭이 있는 타운하우스를 만들었다. 자연을 끌어안은 타운하우스인 것이다.

이곳에 사는 사람들에게 "당신은 어떤 집에 살고 있습니까"라는 질문을 하면 봄의 새순과 아름다운 꽃나무들, 지난 여름 태풍과 벼락에도 잘 견디어낸 감나무에 열린 감을 설명하는 데 30분이 걸리고 텃밭에서 나온 상추와 오이를 나누어 먹었다는 이야기에 30분, 앞마당에서 모래놀이와 연날리기에 정신 팔려 있는 아이 이야기에 30분, 일찍 들어온 남편이 정원을 가꾸고 장작을 팬다는 이야기에 1시간은 너끈히 보낼 수 있다.

진정한 참살이가 시작된 것이다.

지하층부터 옥탑 층까지
층층이 다르게

무지개떡 빌딩

© 박영채

© 박영채

도시의 맛은 길 위에 있다. 좋은 도시는 살아 있는 길의 장소다. 예나 지금이나 사람은 길道을 따라 산다.

사람이 많아지면 길에는 속도가 생기고 길 위의 집은 그 속도에 따라 변한다. 명동이나 인사동 길 또는 최근의 삼청동이나 신사동 가로수길에서는 사람들의 양과 속도에 따라 지형도가 바뀐다. 자동차 위주의 빠른 길만 부각되는 신도시에는 방음벽으로 둘러싸인 성냥갑 아파트가 가득하다. 좋은 도시는 인체의 혈관과 같아야 한다. 빠르고 굵은 동맥부터 느리고 가는 실핏줄까지 잘 짜인 유기체적 구성이 필요하다.

지하서 옥탑까지 층층이 다른 용도

경복궁 서쪽 마을인 서촌西村은 느린 시간의 동네다. 북서풍을 막아주는 서고동저西高東低의 지형에 따라 한양도성을 병풍 쳐온 인왕산 기슭의 마을은 조선 초기에는 궁궐을 관리하는 별감이나 환관들의 거처였다. 또 후기에는 상인·공인·예인 등 이른바 중인들의 마을로서 많은 기록이 남아 있다. 겸재 정선의 인왕제색도나 추사 김정희의 집터로도 알려졌고, 시인 이상, 윤동주나 화가 이상범, 이중섭 등의 거처이기도 했다. 현재는 청와대의 뒷동네로서 문화재 규제 외에도 높이 규제 및 시선차단 규제까지 받고 있는 곳이다. 경복궁의 서문인 영추문迎秋門이라는 이름처럼 지는 해를 맞이하는 쓸쓸

1 | 2

1. 경복궁 돌담길 효자로 변에 있는 구 '열린책들' 사옥 2. 구 '열린책들' 사옥 스케치

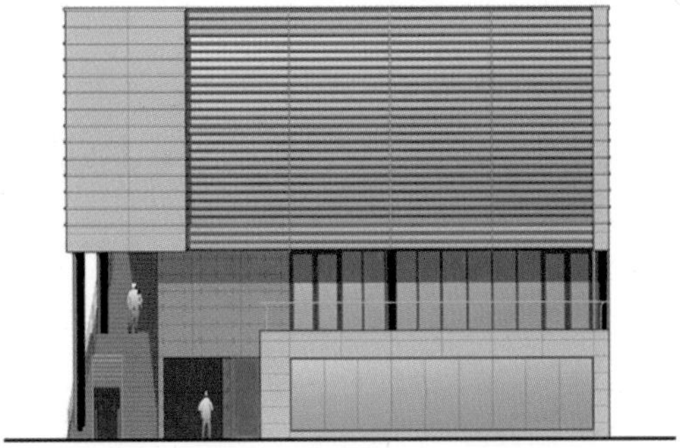

정면도

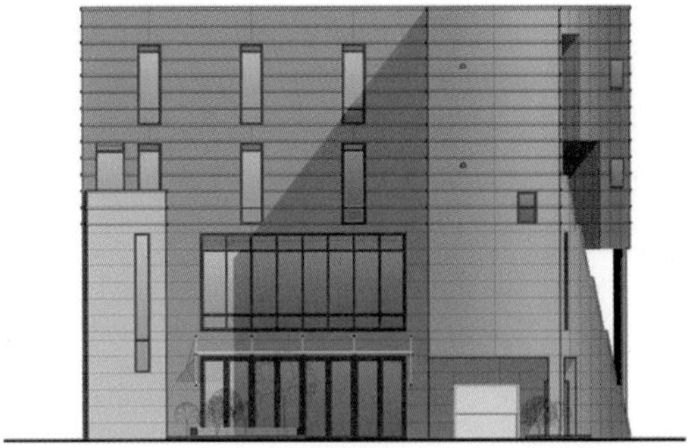

배면도

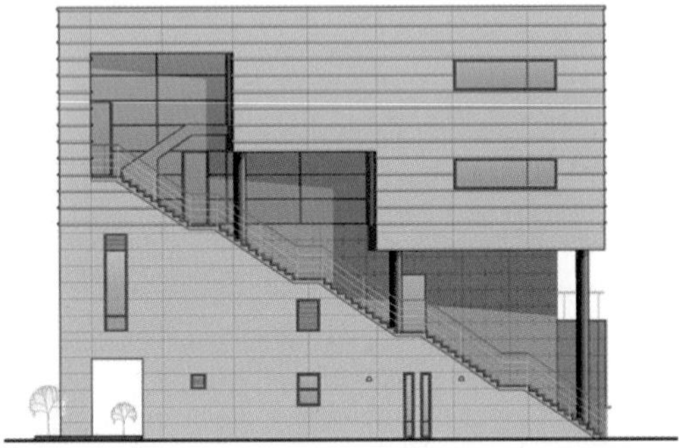

좌측면도

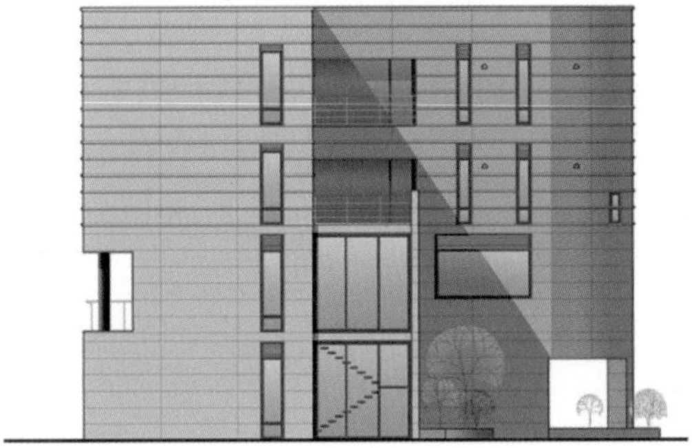

우측면도

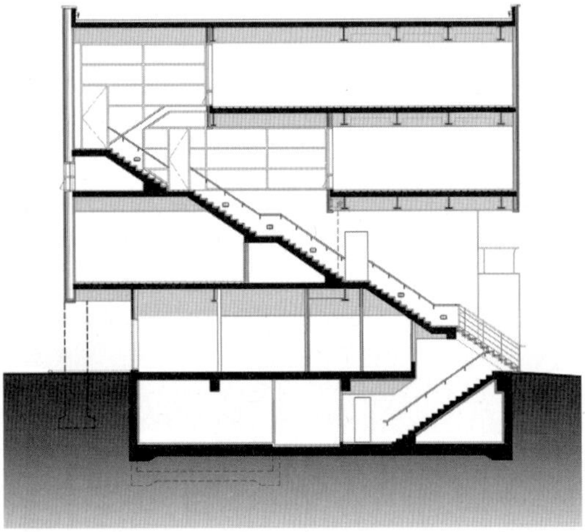

단면도

3~6. 구 '열린책들' 사옥 입면도 7. 구 '열린책들' 사옥 단면도 8. 구 '열린책들' 사옥 전면 9. 구 '열린책들' 사옥 전면에서 보이는 계단길과 도시 뒷골목에서 자주 볼 수 있는 계단 골목 풍경

© 박영채

© 황두진

한 가을날 같은 분위기의 마을은 최근 들어 출판사나 갤러리 카페 등 문화예술의 사랑채로서 새롭게 각광받고 있다.
경복궁 돌담길 효자로 변에 구 '열린책들' 사옥이 있다. 십여 년 전 말라죽어 많은 이들이 안타까워했던 통의동 백송터와 연결된 대지에 지하 1층 지상 4층의 집이 경복궁 안을 굽어보며 세워졌다. 일견 무심해 보이는 건물과 달리 남측에 붙어 있는 계단길은 자극적이다. 산지나 구릉지가 많은 우리나라 도시에서 자주 보이는 뒷골목 풍경이기도 하다.
건축가는 이러한 길에 대한 판단으로 건물의 모티브를 창안해냈다. 우선 600년된 경복궁과 백송에 이르는 길은 땅 위로 구부러지게 이어 역사성에 대한 정리를 했다. 찻길로 뚫린 효자로에 면해서는 무심한 듯 건물의 파사드로 대응했으며 4층까지 다다르는 계단 골목길은 집을 사용하는 사람들의 일상적 동선을 다양하고 풍요롭게 연출하고 있다. 답답하고 좁은 실내 계단의 기능적 해결을 뛰어넘는 새로운 해석이다.
몇 년 전 '열린책들' 사옥이 파주로 이사가면서 사옥으로 쓰이던 4층에 주택이 들어섰다. 일층엔 카페, 이층엔 미술연구소, 삼층엔 사무실, 이른바 상가주택이 된 것이다.
서촌의 '동네건축가'를 자처하는 황두진은 최근에 이와 같은 소규모 저층 주상복합건물에 푹 빠져 있다. 한옥 건축가로도 유명하지만 도시 내 주거로서 단층 한옥은 한계가 있고, 도심부의 밀도와 속도를 만족시킬 수 있는 주거 유형이 좀 더 다양해지기를 바라고, 그런 바탕에서 단순한 상가주택을 '무지개떡' 형상으로 발전시킬 것을 제안하고 있다.

© 박영채

11

10

7. 무지개떡 건축 개념도 8. 궁정동의 '더 웨스트 빌리지' 전면

© 박영채

© 박영채

1층부터 꼭대기층까지 똑같은 모양인 아파트가 '시루떡'이라면 '무지개떡'은 지하층부터 옥탑층까지 층층이 다양한 용도로 채워지는 형상을 말한다. 특히 높이 규제가 있고 대지 면적이 좁아 적극적 개발에 한계가 있는 서촌에는 적합한 해결책으로 보인다. 경제적 구심력이 약해진 대신 사회문화적 구심력을 향상시킬 기회요소가 되는 것이다.

유럽의 베네치아·피렌체가 이런 도시 주거의 대표적인 초기 모습이라면 파리의 경우 여기에 자동차의 속도가 반영된 근대화된 도시 주거를 구축해 꾸준히 사랑받는 도시

12 | 13

12. '더 웨스트 빌리지' 남측면
13. '더 웨스트 빌리지' 3층 내부

1
2
3
4
3
5
6
7
8
1. 거실
2. 주방
3. 침실
4. 화장실
5. 카페
6. 주차장
7. 다목적실
8. 창고

가 되고 있다.

최근 궁정동에 지은 '더 웨스트 빌리지'는 소규모 무지개떡이다. 지하층엔 건축주가 사용하고 있고 1층부터 3층은 유명 브랜드 컨설팅 회사가 임대해 사옥처럼 사용 중이다. 자체 플라워 교실을 운영하며 경복궁·북한산·인왕산 등 지척에 있는 좋은 인프라를 잘 활용하고 있다.

임대수입으로 여유 있는 은퇴생활

최근 베이비부머들의 은퇴 후 노후가 걱정거리다. 아파트 투기 열풍의 주역이기도 했던 이들은 부동산의 자산비율이 80%에 이르고 있는데, 깔고 앉아 있기에는 식어버린 아파트 부동산 가치의 미래가 불투명하고 처분하자니 새로운 돌파구는 아직 보이지 않는다. 일부 공기 좋고 물 맑은 건강형 전원주택도 염두에 두지만 지금까지 길들여온 도시생활을 단번에 끊어내기도 쉽지 않다. 이런 고민들이 수익형 부동산으로 옮겨 타는 움직임으로 나타나고 있다. 소규모 주택 임대사업과 상가주택에 관심이 쏠리게 된 연유일 것이다. 단순한 경제적 가치에만 매몰될 게 아니라 도시생활의 다양한 장소들을 가까이 유지하면서 일과 집의 거리를 좁혀 삶의 질을 확보하고 지인들과의 만남의 공간, 사랑채 같은 동네를 만끽하며 노년을 보내기를 소망하는 이들이 가꾸어 나가는 다양한 무지개떡 마을을 기대해본다. 20121028

14

14. '더 웨스트 빌리지' 단면

왜 '무지개떡 건축'인가?

황두진(황두진건축사사무소 대표)

'무지개떡 건축'은 '저층중밀도 주상복합 건축'의 또 다른 이름이다. 내가 이 개념을 정리해서 우리나라 도시건축의 새로운 유형의 하나로서 제시한 지 몇 년이 지났다. 처음에는 주로 찾아온 건축주들을 설득하는 입장이었는데, 이제는 이런 유형의 건물을 짓고 싶다며 먼저 의뢰하는 경우도 꽤 생겼다. (나 자신도 그런 건물에서 살며 일하고 있다.) 아파트도 아니고 단독주택도 아닌, 그렇다고 종전의 다세대나 다가구, 연립주택과도 다른 새로운 도시 주거의 유형에 대한 사회적 수요가 이렇게 분명히 존재하는 것이다. 그렇다면 무지개떡 건축은 어떤 특징을 갖는가?

© 박영채

가장 중요한 키워드는 '복합'이다. 무지개떡 건축은 한 건물 내에 주거와 다른 기능이 공존하는 건축이다. 저층부에는 상업 기능이, 중층부에는 업무 기능이, 그리고 상층부에는 주거 기능이 들어간다. 각 기능 간의 비율은 유동적일 수 있다. 따라서 상당한 고층건물이 될 수도 있고 4층 이하인 경우 중층부가 생략될 수도 있다. 그러나 상층부의 주거 기능은 무지개떡 건축이 되기 위한 필수적 조건이다. 주거 기능 역시 단독주택, 혹은 공동주택 모두 가능하다. 바람직하게는 최상층에 옥상정원을 조성하여 도심 안에서 마당이 있는 단독주택과 같은 상황을 만들 수도 있다. 4층 정도 높이가 되면 도로의 소음으로부터도 어느 정도 이격되고 무엇보다 상당한 경관도 확보할 수 있는 이점이 있다. 무지개떡 건축의 반대 개념, 즉 전층이 같은 용도인 건물을 우리는 '시루떡 건축'이라 부를 수 있을 것이다. 단독주택에서 아파트, 고층 사무실에 이르기까지 우리가 그동안 만들어온 도시건축의 절대 다수는 바로 이러한 시루떡 건축이었다. 요즘 아파트의 시대가 가고 있다고들 하지만 좀 더 정확하게 말하자면 시루떡 건축의 시대가 가고 있는 것이다. '복합'은 대세다.

무지개떡 건축은 적절한 밀도를 지향한다. 좀 더 구체적으로는 평균 용적률 200% 내외의 도시를 만드는 것을 목표로 한다. 이것은 절대로 단독주택과 같은 유형으로는 달성할 수 없는 밀도이면서, 동시에 최근 들어서 조성된 신도시나 뉴타운 등의 평균 용적률 또한 상회한다. 즉 이 정도면 상당한 밀도다. 흥미로운 사실은 일반 주거지역 내 개별 필지 내에 지어지는 대부분의 건물이 이 정도의 밀도는 그리 어렵지 않게 달성한다는 것이다. 이러한 사실은 대규모의 싹쓸이 재개발에 의지하지 않고서도 우리의 도시가 필요로 하는 건강한 밀도는 얼마든지 만들어낼 수 있다는 것을 의미한다. 한편으로는 우리 도시의 미래가 꼭 대규모 자본에만 달린 것은 아니라는 반증이기도 하다.

무지개떡 건축이 보편화된 사회에서는 인구의 대량 이동이 줄어든다. 특히 대규모의 시루떡 주거 건축에서 역시 대규모의 시루떡 업무건축으로의 대량 이동을 전제로 하는 현재의 도시 상황에 비해서는 더욱 그렇다. 무지개떡 건축이 보편화되면 수많은 사람들이 지하철이나 버스와 같은 대중교통에도 의지하지 않고 보행을 통해 출퇴근을 포함한 일상생활을 영위할 수 있는 가능성이 높아진다. 이 과정에서 사회 구성원 개개인의 여가시간이 늘어나며 인프라에 대한 투자와 에너지 소비량도 현저히 줄일 수 있다. 사회 전체의 건축 총량이 동일하다 하더라도 그 안에서 시루떡과 무지개떡이 각각 차지하는 비중이 어떤가에 따라 삶의 양상은 전혀 다르게 나타난다.

무지개떡 건축은 섬세한 설계가 필요하다. 그냥 서로 다른 기능을 수직적으로 섞는다고 해서 무지개떡 건축이 되지는 않는다. 바로 이런 점이 단순한 부동산 상품으로서의 기존 '상가주택'과 새로운 도시건축으로서의 무지개떡 건축이 다른 점이다. 무지개떡 건축은 지하층을 포함한 저층부가 길을 만나는 방식, 내부 동선의 구성, 서로 다른 기능 간의 프라이버시, 옥상의 적극적인 활용, 건물의 시간대별 활용, 나아가 도시 블록에 대한 전략 등 매우 다양한 측면에서 합리적이고 디테일한 접근이 요구된다.

마지막으로 무지개떡 건축은 건축가의 다양한 상상력을 담을 수 있는 그릇이다. 상황에 따라, 지형에 따라, 주거와 결합하는 기능에 따라, 그리고 자본의 규모에 따라 무지개떡 건축의 구성 방식이나 조형은 얼마든지 변할 수 있다. 지역 단위의 도시설계와 결합하여 주차나 합벽개발, 공용수직 동선 등과 결합하면 그 가능성은 실로 다양해진다. 무지개떡 건축은 쾌적하고 편리하며 환경친화적인 도시를 만드는 기본적 세포다.

한국형 아파트의 어제와 오늘

래미안 퍼스티지

© 최순영

1 | 2

1. 사평대로에서 바라본 반포 래미안 퍼스티지 2. 1964년 완공된 마포아파트

한국에서 집 이야기에 아파트를 빼놓을 수는 없다. 마포아파트가 지어진 1964년 기록에 의하면 당시 공동주택수가 500호 정도였다. 1970년 와우아파트 참사를 딛고 40여 년이 지난 지금 공동주택은 전체 주택에서 60%를 차지하고 아파트만 900만 호에 이른다. 한국 인구의 절반인 2500만 명이 살고 있는 집이다. 한국의 아파트는 양면성을 지니고 진화했다. 국민주택이라는 서민용 주거 공급을 위해 값싸게 조성된 택지에 저렴한 생산 방식에 따라 단기간에 많은 호수를 건설하는 것이 목표였다. 1970년대 한강변을 따라 동부이촌동, 반포, 압구정, 잠실지구 등이 해당된다.

1980년 5공화국이 출범하면서 주택 500만 호 건설이라는 정치적 목표가 설정됐고, 86아시안게임과 88올림픽 등 세계적 행사에 걸맞은 도시 정비와 주거 형식이 이른 시간 내에 필요해지면서 '한국형 아파트'의 중흥기가 시작됐다. 6공화국의 200만 호 건설 구호에 따라 분당·일산 등 다섯 곳에 초단기에 건설한 '한국형 신도시'도 여기에 일조했다. 이로써 1990년대에는 주택 정책이 서민이 아닌 국민 모두를 상대하는 1가구 1주택 정책으로 바뀌었다. 'IMF 위기'도 잠깐, 내수 진작책의 일환으로 진행된 규제 완화 정책들은 새로운 주거 상품들을 출현시켰다. 즉, ① 30년을 유지해온 분양가 상한제 폐지에 따라 민간 건설회사들은 저마다 브랜드와 신상품 개발에 몰두했고, ② 상업용지에 주거를 허가함에 따라 타워팰리스 등 주상복합의 전성시대를 열어주었으며, 급기야 ③ 멀쩡한 단독주택지들을 정비구역이라 하여 아파트 개발을 허용하도록 주거환경정비법을 개정함으로써 ④ 이 기회를 놓치지 않은 서울시장은 뉴타운이라는 획기적인 포장 상품을 창출해내기에 이르렀다. 2000년대는 한국형 아파트의 최고 전성시대라 할 수 있다.

아파트 진화의 대표적 공간, 반포

한국형 아파트는 부정적이든 긍정적이든 이제 세계화됐다. 중국 등 대부분의 신흥국에서는 가장 효율적이고 경제적인 주거 해결 방안이 됐다. LA 주상복합이나 런던 온

© 최순영

4
3

3. 1970년대 형성된 반포아파트
4. 반포 래미안퍼스티지의 커뮤니티 공간

© 최순영

돌 마루 아파트 등은 선진국이 도시 회귀 현상을 해결하기 위해 채택한 방안이다. 건축에 철과 콘크리트가 사용된 이래 서민 주거의 대명사였던 아파트apartment가 지속 가능한 보편적인 인류 주거 양식으로 얼마만큼 진화 가능한지 시험받고 있다 하겠다. 반포 지역은 한국형 아파트 진화의 대표적인 현장이다. 1970년 현대건설, 삼부토건, 대림산업이 공동 출자한 회사인 경인개발주식회사가 시행한 한강 개발사업으로 반포지구 19만 평 매립공사가 이루어졌고, 지금의 반포천에서 한강 제방 사이의 택지가 개발됐다. 이곳에 주택공사가 5층 판상형의 일률적 구조로 전형적인 서민용 주거 단지인 반포 1, 2, 3지구를 개발해 1970년 중·후반 입주가 이루어졌다. 이로부터 30년 만에 이 지역은 최고의 아파트 단지로 탈바꿈했다. 주변 지역의 변화나 재건축이라는 제도적 뒷받침 외에도 건설회사나 설계업체들의 경쟁적인 상품 개발에 따른 결과다. 반포 래미안 퍼스티지에서 보이는 한국형 아파트의 진화 양태는 크게 다섯 가지다. 우선 규모다. 도시의 블록 하나가 한 단지로 구성돼 초등학교 하나를 중심으로 2,000~3,000가구의 공동체가 안정적으로 구성돼 있다. 도시성Urbanity을 자체적으로 완결시킬 수 있는 규모로의 진화다. 애매한 규모의 담 쳐진 단지Gated Community들이 모여서는 이룰 수 없는 커뮤니티다.

두 번째는 평면. 브랜드 가치를 내걸고 주부 모니터링 요원 등을 활용한 연구개발로 경쟁적 발전이 성능이나 기능 면에서 공간 활용을 극대화하고 있다. 발코니 확장 합법화 등을 통해 탄생한 서비스 면적의 '마법 같은' 확장은 소비자 만족도는 높지만 적지 않은 부작용이 우려되는 한국형 아파트만의 불편한 진실이기도 하다.

세 번째는 인테리어. 규모의 경제로 가능해진 좋은 자재와 기구의 사용, 최상의 설계와 시공은 선택 사양을 빼놓더라도 최고급 수준이다. 온돌 마루의 우수성은 이미 알려졌고, 각종 빌트인 전자기기나 수납공간 개발은 입주자의 개별 인테리어로는 따라가기 힘든 수준이 됐다.

네 번째는 조경. 32층으로 확보된 개방감 속에 잘 어우러진 옥외 공간의 조경시설은 이 단지 최고의 자랑거리다. 경북에서 온 1,000년 된 느티나무 고목을 비롯해 한강의 심층수와 빗물을 정화해 만든 1,200평 규모의 인공호수와 금강산 만물상을 재현했다는 만물석산 등은 도시 속 자연공원이다.

5 | 6 7

5. 반포 래미안 퍼스티지의 조경시설 6. 1973년도 반포1단지 32평형 평면 구성 7. 반포 래미안 퍼스티지 34평형 평면 구성

© 최순영

마지막으로 편의시설이다. 지하주차장은 인근 센트럴시티 주차장을 방불케 할 정도로 넓고 여유롭다. 입주민을 위한 커뮤니티 센터도 호텔 수준이다. 골프 연습장, 피트니스센터, GX룸, 연회장, 남녀 독서실, 사우나와 수영장 등은 단지의 규모에 의해 가능해진 시설이다.

하우스 푸어, 렌트 푸어의 인생 고스란히

이러한 한국형 아파트의 공통적인 특성들은 최근의 미분양 사태에도 대부분 일반화돼 있다. 그만큼 수준이 높아졌고 값어치도 상승돼 있으므로, 현실적으로는 주거 양극화의 주범이기도 하다. 아파트는 집이다. 한국 경제의 압축 성장만큼이나 아파트도 압축 발전했다. 각종 시빗거리의 대명사이기도 했고 서민들의 애환이기도 했으며 복부인의 투기 대상이기도 했다. 경제 부침에 따라 하우스 푸어, 렌트 푸어의 인생도 출렁인다. 그 속에서도 한국형 아파트는 진화하고 있고, 진화하고 있는 이상 집으로서의 미래가 있다. 20121125

8 | 9

8. 반포 래미안 퍼스티지 단지 내 조형물 9. 반포 래미안 퍼스티지의 조경시설. 금강산 만물상을 재현했다.

그림과 음악으로 손님을 맞이하는 현대식 사랑방

게스트하우스 '수토메'

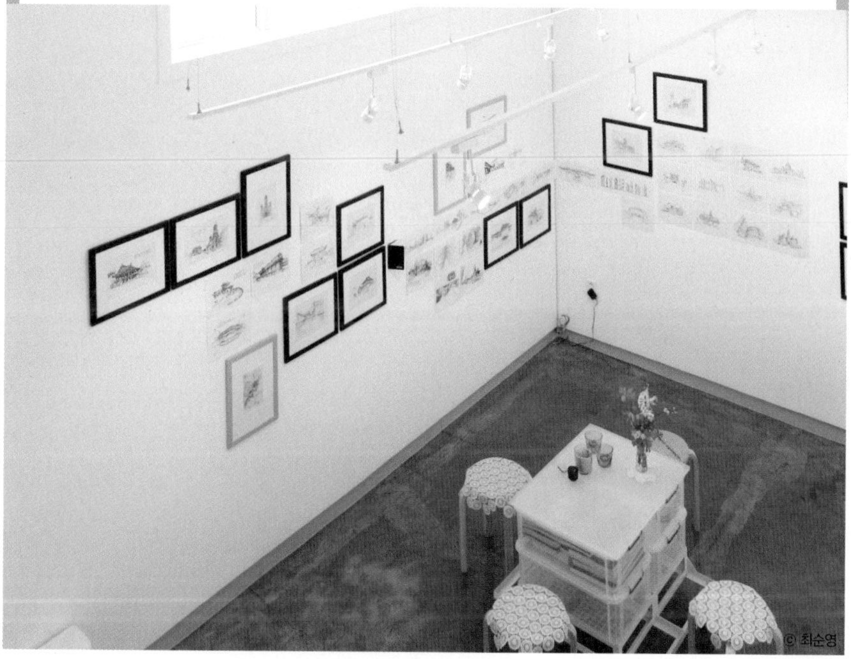

© 최순영

© 최순영

여행에서 돌아와 가방을 열면 여러 갈피의 추억들이 어느새 꼬리에 꼬리를 물고 끌려 나온다. 그래서 먼지를 뒤집어쓴 가방은 어느새 '추억의 여행가방Suitcase of Memories'이 된다. 영화 〈써니〉로 다시 유명해진 보니엠의 노래 'Time after time'에도 이 말이 나온다.

게스트하우스 '수토메SUTOME'라는 이름은 이 노래 가사에서 힌트를 얻어 만들었다. 올해 1월 문을 열었다. 6호선 마포구청역 5번 출구를 나와 오른편 골목으로 들어서면 똑같은 집 두 채가 대칭으로 나란히 서 있는데, 낮은 담장 너머로 4월의 목련이 화창하게 피어 있는 동편 집은 도서출판 '산수야'가 사용하고 있고, 그 옆에 담장을 헐고 앞마당을 드러낸 갤러리 겸 게스트하우스가 '수토메'다.

큐레이터로 근무하다 몸이 약해진 홍윤경 씨가 쉬엄쉬엄 느리게 할 수 있는 일을 위해 선택한 곳이다. 어릴 적부터 낭만적인 소규모 호텔을 운영해보는 게 소박한 꿈이었다는 엄마와의 의기투합도 큰 힘이 됐다. 값이 비싸진 홍대 앞을 피해 이모네 집과 가까운 이 집을 발견한 것은 행운이었다.

1970년대 일명 '불란서풍'으로 지어진 이 집은 지어진 그대로 말끔하게 손을 보고 나니 의외로 격조 있는 모습을 드러내고 있다. 깨끗해진 지붕의 모습이나 부분 포치 등의 외관도 그렇지만 애초부터 갤러리를 만들고 싶었던 홍 씨가 마음에 들어 했던 키 높은 천장의 거실, 벽면 높이 붙어 있는 창, 디테일이 살아 있는 계단 등은 꽤나 풍취

1 | 2

1. 높은 천정의 거실의 고창이나 계단 디테일 등이 꽤나 풍취 있는 분위기를 연출하고 있다.
2. 낮은 담장너머로 4월 목련이 화창하게 피어 있는 동편 집은 도서출판 '산수야'가 사용하고 있고 그 옆에 담장을 헐고 앞마당을 드러낸 갤러리 겸 게스트하우스 '수토메'가 있다.

있는 분위기를 연출하고 있다.

모녀의 손님맞이는 소소한 것에서부터 시작된다. 게스트를 위해 준비해둔 국화차는 부모님의 고향집에서 직접 만들어 보내주신 거란다. 국화차 외에도 다양한 꽃차들이 마련되어 손님들의 입을 즐겁게 해주고 있다. 손님들이 사용할 방에도 모녀의 정성 어린 손길이 곳곳에 배어 있다. 음악을 테마로 한 방에는 CD플레이어가 벽걸이 형태로 걸려 있다. 꽃을 테마로 한 방에는 그림도 꽃이다. 그림을 테마로 한 룸도 있다.

문화가 있는 게스트하우스 '수토메'에서 현재 운영 중인 룸은 8인 도미토리식 1실(침대당 2만 5,000원), 싱글베드 2실(5만 원), 트윈베드 2실(7만 원) 총 5개다. 직접 만든 과일잼과 커피, 빵 등이 포함된 아침 식사도 이 가격에 제공된다. 2층에는 홍윤경 씨 가족 3명이 살고 있고 동선이 분리된 아래층에는 손님들이 편하게 사용할 수 있는 주방과 세탁실 등도 갖췄다.

3 | 4

3. 아랫층에 있는 게스트용 주방과 리빙룸 4. 주인 가족이 사는 윗층으로 연결되는 계단에 책들을 꽂아 누구나 펴볼 수 있도록 했다.

© 최순영

© 최순영

ⓒ 최순영

한국적인 것을 느끼고 교감케 하자

갤러리로 사용하고 있는 거실에는 현재 건축가 박정연 씨의 드로잉전이 열리고 있다. 10년 동안 답사하며 그린 국내 전통가옥을 비롯한 전 세계 다양한 건축물 그림이 벽면 가득이다. 홍 씨는 앞으로 서울에 관한 책들을 모아 전시를 할 계획이다. 또 난방이 가능한 바닥을 이용해 누워서 영화를 보는 행사도 해볼 생각이다. "저렴한 숙소라는 개념에서 벗어나 문화와 예술을 즐기고, 사람들의 만남이 있는 '열린 공간'으로 커 나가길 바란다"는 것이 홍 씨의 바람이다.

한국을 찾는 외국인의 수가 작년에 1,000만 명을 넘어섰다고 한다. 최근 북핵 문제나 일본의 엔저 영향으로 주춤대고는 있지만, 우리나라에 대한 이미지가 높아져 있기 때문에 꾸준히 증가하는 추세다. 따라서 점점 다양해지는 여행객 눈높이에 맞는 숙박시설들이 필요해진다.

어느 나라에서나 표준화된 호텔방에 누워 있으면 갇혀 있다는 답답함에 의문까지 생긴다. 내가 과연 어디에 있는 것인지? 어디서나 같은 환경 속에 여행자로서의 존재감을 확인할 길이 없다. 한국에 왔으면 한국다운 환경과 사람과 음식과 소리와 냄새를 기대하는 것이 당연하고 이를 충족시켜준다면 그 이상의 외교적 성과까지 얻을 수 있지 않을까?

그런 방편으로 '외국인 관광 도시 민박업'이 최근 큰 인기를 끌고 있고, 게스트하우스가 한 유형으로 급격한 증가세를 보이고 있다. 2010년 30여 곳에 불과했던 서울의 게스트하우스는 지난해 말 215곳으로 늘어났다. 홍대앞·신촌 등 마포권이 가장 많고, 기존의 종로·중구 등 4대문안권과 강남권이 3대 권역으로서 주축을 이루고 있다. 서울시는 올해부터 본격적으로 지원 및 홍보 대책을 펼쳐 '공유도시' 서울의 자랑거리로 격상시키고자 하고 있다.

우리나라는 전통적으로 손님을 중시하는 사랑방 문화가 있다. "이리 오너라" 호령 하나로 지나가는 과객이 방과 음식과 기타 서비스를 요구할 수 있는 열린 생활문화가 우리에게는 있었다. 주인과 손님의 대등한 만남은 항시 가능하고 서로의 교류는 중요한 사연이 되어 역사의 갈피마다 기록되고 있다. 집시가 천대받는 유럽과 달리 나그네가 존중받는 우리나라의 경우는 열린 시대의 중요한 '손님문화' 유전자임을 자각할 필요가 있다.

주요섭의 소설 '사랑방 손님과 어머니'는 근대화 초입의 일제 강점기에도 살아 있던 우리네 사랑방 문화의 한 단면을 잘 그리고 있다. 나이 들어 딸과 함께 게스트하우스 '수토메'를 운영하고 있는 어머니 이옥랑 여사가 혹시 그때의 옥희는 아닐까 싶다.

20130428

5 | 6 7

5. 게스트 룸에서 갤러리에 걸린 그림들이 바로 보인다. 6. 게스트하우스 '수토메' 2인실. 각 방마다 콘셉트를 가지고 있다. 이 방은 '뮤직' 콘셉트 7. 계단 옆에서 바라본 거실

© 최순영

© 최순영

사람을 닮은 집

홍윤경(수토메 대표)

© 최순영

이 집의 첫인상은 볼품없었습니다. 높은 담장 안으로 우거진 한여름의 수풀, 몇 해 묵은 쓰레기더미, 무심코 걷다 보면 얼굴을 가득 덮어버리는 거미줄, 아무렇게나 덧붙여진 흉물스러운 구조물에 오랜 세월 뒤덮여 있었거든요. 처음부터 함께 이 집을 살폈던 젊고 유능한 건축가가 본래의 모습을 찾아 정갈하게 다듬어주고, 주인인 제가 '수토메'라는 독특한 이름을 지어주면서부터 이 집에는 소소한 마법이 깃든 것 같습니다. 불결하고 음산하기 이를 데 없던 공간에 이제는 꽃과 그림의 온기 그리고 이야기가 흐드러집니다.

수토메는 저와 저희 가족이 살아가는 집이기도, 전 세계 곳곳에서 서울을 찾는 여행객의 호텔이기도, 젊은 예술가들의 작업실이기도, 삶에 지친 누군가의 은신처이기도, 문화를 향유하는 작은 살롱이기도 합니다. 그래서 이곳에는 매일 참 다양한 사람들이 저마다의 사연을 가지고 모여듭니다. 이런 공간이 집일 수 있다는 것, 이런 생활이 일상이 될 수 있다는 것을 수토메로 이사를 오기 전까지는 상상도 하지 못했습니다. 물론, 저는 보통 사람들처럼 집에서 완전한 휴식을 취할 수는 없습니다. 언제나 집에 머무는 손님이 있고, 가까운 곳에 사는 친구들이 한밤에 들이닥치기도 하거든요. 이런 이유로 늘 집안 구석구석을 정갈히 하고, 옷매무새를 가다듬어야 합니다. 그렇지만 저는 누구보다 다양한 사람들을 만나고 그들이 사는 이야기를 듣습니다. 수토메에서만의 비밀로 간직해주어야 할 사연도 쌓여갑니다. 또, 작은 갤러리로 사용하고 있는 이 집의 거실에는 그림이 걸려 있습니다. 밤에는 영화 상영을 위한 극장이 되기도, 작은 콘서트를 위한 무대가 되기도 합니다. 작은 텃밭이 있는 마당에서는 동네 사람들이 모여 바비큐 파티와 벼룩시장을 열기도 합니다. 늘 사람들로 북적이다 보니 13년 전 부산에서 함께 음악을 듣던 형과 동생이 재회하고, 두 회사를 서로 완전히 엇갈린 시기에 다녔던 건축가 두 사람이 만나고, 어려서 스케이트보드를 타던 흔적을 계단 기둥에 남긴 이 집의 첫 번째 주인을 찾았습니다. 옆집 사는 이웃과도 서먹한 도시 서울에서, 이만큼 특별한 일 가득한 집을 가진 사람이 또 있을까요?

앞서 이야기한 것처럼, 이 집은 누군가가 오랫동안 살고 있었음에도 불구하고 폐허처럼 버려진 모습이었습니다. 이른바 '집장사'라 불리던 무명 건축가가 대량으로 찍어내듯 지었을 이 낡은 집을, 누구도 더는 가꾸려 하지 않는 듯 보였습니다. 저는 이 집의 겉모습에 요즈음의 감성을 입히는 대신, 세월의 먼지를 닦아주듯 처음 지어진 40년 전의 모습으로 되돌려놓고 싶었습니다. 그리고 오늘날이기에 가능한 흥미로운 일들을, 세련된 분위기로 손질한 내부에 풀어놓고자 했습니다. 대학에서 역사를 공부한 저에게, 그리고 20대의 오랜 시간을 오스트리아 빈에서 보낸 저에게, 새것과 외형에 집착하는 한국인의 성향은 늘 이해하기 어려웠습니다. 이런 부분에 대한 저의 생각이 '수토메'를 통해 많은 사람들에게 작은 메시지로나마 전해질 수 있다면 좋겠습니다. 좋은 집은 화려한 겉모습이 아닌, 주인이 집에 얼마나 의미를 부여하고 정성껏 가꾸어 가느냐에 의해 결정된다는 것을요. 저는 이곳에서 매일 소중한 기억들을 쌓아갑니다. '수토메'라는 이름을 얻기까지 40년을 기다려야 했던 이 집이 그긴 세월의 이야기를 저에게 한 번에 쏟아내기라도 하는 모양입니다. 집은 사람을 참 많이 닮았습니다.

최고의 집

도시형 한옥

수덕사 대웅전

줄리엣의 집

개성의 옛집

황태자의 땅콩집

청와대

창덕궁 연경당

방배동 H씨 댁

지속 가능한 한옥의 현대화

도시형 한옥

© 진효숙

새해 첫날을 보내고 신년 계획에 분주하다 보면 곧 설날이 다가온다. 또 다른 새해를 맞이하고 나서야 비로소 새해가 시작된다.

음력설은 구한말에 태양력을 도입한 이래 구정舊正으로 불리며 신정의 뒤안길에 있었다. 한 세기가 지난 1989년부터 설날로 복권되면서 이제는 세계 공용의 달력 속에서 추석과 함께 최고의 명절이 되었다. 고유한 전통문화가 세계화된 양식 속에서 잘 융화된 모습이 바람직하다. 개량한복, 퓨전한식 등 기본적인 의·식생활에서부터 음악·영화 등 예술 분야에까지 한류의 약진이 눈부시다.

우리나라의 집, 한옥은 아직 역사 속 과거의 집에 머물러 있다. 최근에 많이 짓고 있지만 현재 9만 여 채로 전체 주택수의 0.5%에 불과하다. 한옥을 원하는 사람은 내·외국인 포함 많아지는데 한옥의 보급은 더디다. 이러다 보니 남아 있는 한옥은 값비싸지고 그나마 10% 정도에 불과한 한옥마을들은 점차 테마파크화되고 있다. 일상적인 삶이 이루어지는 주거 유형의 하나로써 한옥의 현대화는 가능한 것일까?

1 | 2

1. 하루헌은 바깥담으로 만들어진 골목과 내밀한 마당이 있는 도시한옥이다. 2. 북촌의 한옥들은 대부분 1930년대부터 1960년대 사이에 지어진 중정식 도시형 한옥이다.

© 진효숙

집은 생활을 담는 그릇이다

농경사회의 삶을 유지시켜준 한옥은 그 생활에 맞춘 집이었다. 따라서 현재 남아 있는 대부분의 한옥은 농촌에 있다. 정부의 지원에 의해 새로이 지어지는 한옥들도 농촌형이 많다. 문제는 도시형 한옥이다.

종로구 옥인동에 있는 '하루헌何樓軒'은 소박한 도시형 한옥이다. 1961년에 지어진 한옥을 한 전통주택학자가 연구소 겸 주택으로 개조해 사용하고 있다. 좁은 골목길을 가운데 두고 일곱 열, 14채가 가지런하다. 그 당시 제법 큰 대지를 나누어서 집장사가 지은 형상이다. 50여 년의 풍상을 겪어서인지, 피곤한 찻길과 대비되어서인지 나란한 집들의 모습이 고즈넉하다.

삐죽 나온 처마 밑에 대문간과 문간채가 반복되면서 이어지는 골목길 풍경은 도시형 한옥이 갖는 첫 번째 매력이다. 담장과 마당 그 너머의 집이 갖는 보통집의 풍경은 그에 비하면 섬처럼 영역의 경계감이 느껴진다. 그 집이 그 집 같은 균질감 속에서 2~12번지를 찾아 이리오너라의 기분으로 대문을 열어 젖히면 맞닥뜨리는 마당은 도시한옥의 결정적 매력이다. 『한옥의 진화』를 쓴 윤재신 교수는 이 마당과 사각형 하늘을 일컬어 "우주적 자연과 직접적으로 소통하는 도시 공간의 내밀한 사적 통로private passage of confidentiality"라고까지 표현하고 있다.

도시형 한옥의 요체는 이처럼 길과 마당에 있고, 이들의 비어 있음에 의해 한옥의 형태는 마치 음악이 쉼표에 따라 들리듯이, 그림이 떨어진 거리에 의해 보이듯이 자기 모습을 드러내게 되는 것이다. 길과 대문간·문간채, 마당과 안채로 이어지는 안과 밖의 무수한 변주를 '띠 패턴'으로 정의내린 윤재신 교수는 이를 공적 영역을 포함하는 도시조직urban tissue의 대표적 특성으로 도시한옥이 계승할 것을 주장하고 있다.

잘 알려진 북촌의 한옥들도 대부분 1930년대부터 1960년 사이에 지어진 중정식 도시형 한옥이다. 그런데 문제는, 이러한 도시형 한옥이 1963년 제정된 도시계획법과 건

© 진효숙

3 | 4

3. 옥인동에 있는 도시형 한옥 '하루헌' 4. '하루헌'이 보이는 옥인동 골목

축법 때문에 달리 개발 여지가 없어 잔존하게 되었고, 역설적이게도 새 법체계 때문에 더 이상 생산될 수도 없다. 풀이해보면, 골목길은 차가 다닐 수 있는 소방도로이어야 하고 주차장이 확보되어야 한다. 각 집마다 화재와 분쟁을 예방하도록 대지 안의 공지를 1미터씩 확보하여야 하니 전후좌우로 담장과 자투리 공간이 필요하다. 따라서 넓혀진 찻길과 둘러친 담장 너머로 섬처럼 한옥을 배치하고 나면, 도시한옥이 갖는 고즈넉한 골목길이나 내밀한 사적 통로인 마당은 사라지고 만다. 이런 조건으로 25평 정도의 한옥을 완성하려면 땅값 비싼 도심에서 최소 70평 이상의 대지가 필요하다(*기존 도시형 한옥의 대지는 35~40평 정도다). 이러한 건축규제를 완화시켜준 기존의 한옥지구들이 한정적으로 희소해지고 값비싸지는 이유이기도 하다. 도시화된 대표적 사례인 전주한옥마을의 경우, 기존 법 테두리 안에서 관광자원의 목적으로 개발되었기 때문에 중정형 도시 조직과는 다르게 담장과 자투리 공간과 애매한 마당과 한옥으로 구성되어 있는 것을 발견할 수 있다.

결국 도시 속에서 지속 가능한 한옥의 현대화는 집의 형태에 앞서 한옥의 안밖 공간이 구현될 수 있는 새로운 도시 조직의 공급과 이를 체계화할 수 있는 새로운 건축제도가 필수적이라 할 수 있다.

© 진효숙

© 진효숙

5 | 6

5. 마당에서 바라본 '하루헌' 거실 6. '하루헌' 실내

최근 한옥을 마을 단위로 공급하는 사례가 늘고 있다. 은평 뉴타운의 경우 기존 단독주택지를 한옥지구로 지정 공급·분양하고 있다. 70~80평의 대지 비용에 제대로 짓는 한옥 건축비를 포함하면 과연 수요가 얼마나 될지?

한옥의 현대화를 앞장서고 있는 (주)피데스개발의 '소비자 정성조사(2012년)' 보고서에 따르면 "① 서울 근교의 남동권 지역에 ② 40~50대 가족이 ③ 최소 20~50세대 단지 규모로 ④ 방 3개, 욕실 2개의 조건으로 ⑤ 외부공간을 중요시하면서 ⑥ 안심할 수 있는 보안체계와 적정한 유지보수 관리를 제공할 수 있다면 ⑦ 5~6억 원대를 지불할

© 진효숙

수 있다"고 한다. 블럭형 타운하우스가 쇠퇴하고 있는 부동산 시장에서 대안으로 모색되고 있는데 바람직한 도시형 한옥단지로 눈여겨볼 필요가 있다.

국가한옥센터에서 발행한 자료에 따르면, 한옥의 범주를 '전통적 형태에의 충실도'에 의해 문화재 한옥(보존과 관리)과 정통한옥(보존과 활용) 및 현대한옥(보급과 육성)으로 구분하고 있다. 보급형인 현대한옥도 최소한 기둥, 보, 지붕틀은 목구조이어야 하고 한식기와에 외관은 전통양식에 따라야 한다. 물론 부엌, 화장실, 냉난방 등 현대식 재료와 기법은 인정하고 있다. 그리고 구조와 재료, 시공에 있어서도 더 높은 경지의 혁신을 주문하고 있다. 과연 전통적 형태만 붙잡고 있으면 한옥의 박제화를 막을 수 있을까? 그 자료에 따르면 일부 한옥풍 건축과 한류건축이라는 용어로 넓은 의미의 분류까지 하고는 있다.

조선말 고종은 태양력을 들여오면서 국호를 건양建陽이라 하였다. 태양력 달력 속의 음력 설날처럼 한옥의 본질이 살아 숨 쉬는 우리나라 집의 현대화와 도시화는 온전히 우리들의 숙제다. 20130113

7 | 8

7. '하루헌'의 마당 8. 전주한옥마을, 전주한옥마을의 한옥은 중정이 있는 도시형 한옥과는 다르게 담장과 그 안에 둘러쳐진 자투리 공간 같은 애매한 마당으로 구성되어 있다.

도시한옥의 이해와 우리 세대의 한옥 과제

윤재신(이화여대 건축학과 교수)

© 진효숙

민주화를 외치는 소란스러운 데모가 일상이던 1981년 봄의 어느 날에, 나는 관악산 캠퍼스 35동의 한 연구실에서 단우건축의 최명철 소장을 처음 만났습니다. 이제 와서 되돌아보면 상당히 오랜 시간이 지난 것 같기도 하지만, 학군단 농구대와 수영장에서 그리고 대학원 연구실과 선술집에서 대학원 시절을 같이 보냈던 추억은 어제 일과 같이 내게 선명하게 남아 있습니다. 1983년 대학원을 졸업한 후에 내가 미국 유학을 떠나면서 우리의 만남은 소원해졌으나, 2003년부터 매주 토요일에 청계산을 같이 오르면서 다시 빈번해졌습니다. 최명철 소장이 도시와 주거 분야에 주력해왔으며, 또한 나의 스승인 하브라켄 교수의 도시 주거이론에 대해 특별한 관심을 갖고 깊이 이해하고 있다는 것은 청계산 산행을 같이 하면서 알게 되었습니다. 청계산 산행에서 나누었던 생활담론을 어록으로 정리하자는 의견이 왕왕 제기되었는데, 최명철 소장의 촌철살인이 그 제안의 도화선이 되곤 했습니다.

'고즈넉한 골목길, 살짝 숨은 마당, 현행법으론 한낱 꿈'이라는 제목의 짧은 글과 3장의 사진에는 도시한옥이라는 전문 분야에 대한 실무 건축가인 최명철 소장의 촌철살인이 담겨져 있습니다. 책『한옥의 진화』에서 주장하는 도시한옥의 특성을 정확하게 이해하고, 실제로 새롭게 구현하는 과정에서 당면하는 문제점과 한계를 지적하는 글의 흐름을 누구나 쉽게 수긍할 수 있을 것입니다. 세 장의 사진은 글을 읽어 내려가는 시간을 뚫고 순간적 장면으로 도시한옥의 특성을 여지없이 드러냅니다. 특히 구정舊正: 음력 설날과 신정新正: 양력 설날의 관계가 해방 후에 근대화를 거치면서 갈등으로 촉발되었으나 조화로 정착되었다고 지적하는 글머리와, 이를 비유하여 '태양력 달력 속의 음력 설날처럼' 한옥의 진화를 우리 세대의 숙제로 정의한 글 말미를 읽으면서 촌철살인이란 세밀한 관찰과 치밀한 노력의 산물이라는 평범한 사실을 다시 깨닫게 됩니다.

한옥이 진화하면서 한옥 주거지의 경관은 어떤 방향으로 변화하고, 또한 어떻게 새로이 조성될 것인가? 최근 한옥의 활성화와 현대화를 위한 정책적 노력이 개별 한옥의 차원을 넘어서 한옥마을 조성으로 확대되고 있습니다. 도시 조직과 한옥 형태가 어떠한 논리로 작동하고, 그것의 자율성은 어느 정도로 확립될 수 있는가? 세장형細長型 필지에 배치되는 신한옥 유형의 개발은 도시한옥과의 계통적 연속이라는 측면과 새로운 한옥 주거지의 경관을 조성한다는 점에서 유익한 결과를 산출할 수 있을 것입니다. 우리는 말의 쓰임에서 문화적 범주를 나름대로 읽을 수 있습니다. '아파트 한옥'이라는 말은 이상하게 들립니다. '아파트'가 '한옥'의 관형어가 될 수 없는 것입니다. 그러나 '한옥 아파트'는 무리 없이 읽힙니다. 그와는 반대로 '다세대 한옥'은 쉽게 읽히는데, '한옥 다세대'는 어찌 불편합니다. '한옥'이 다세대의 관형어가 되는 경우인 한옥적인 '다세대 주택'은 기형이라고 보는 것입니다. 그런 의미에서 '다세대 한옥'과 '한옥 아파트'는 주거 유형의 도전적 과제가 될 수 있다고 생각합니다. 우리는 싸이의 강남스타일을 통해 한류 문화가 세계의 보편적 가치에 기여할 수 있다는 것을 목격할 수 있었습니다. 우리가 '하이브리드 한옥'을 완성하고 '한옥 하이브리드'를 논할 수 있을 때에, 한옥의 진화는 세계를 향해 한옥의 가치를 전파할 수 있을 것입니다.

신의 집

수덕사 대웅전

© 최순영

봄꽃이 찬란한 사월이 가고 너나없이 푸르게 새잎으로 가득 차는 계절의 여왕 오월이 되면 산속에 있는 절집들은 일 년 중 가장 부산해진다. 점점 화려해지는 연등의 배열들로 마당 위 햇빛은 부서져내리고, 성수기를 맞아 부쩍 늘어난 외국인 관광객과 우리나라 아웃도어인들까지 넓었던 사찰 경내를 가득 메우고 있다. 마음먹고 찾아간 수덕사는 여전히 장터 분위기에 번잡스러워져서 성聖과 속俗의 구분이 무의미해진다.

고즈넉했던 추억 속의 수덕사는 언제부턴가 사라지고 내가 좋아하는 절집 대웅전만 그나마 자기 자리를 지키고 있다. 물론 이 지역을 다녀가면서 거치게 되는 풍성한 먹거리의 즐거움이나 온천욕의 감미로움도 한몫하지만 그래도 나를 이끄는 건 대웅전

이 내게 전달하는 청량함이다.

이곳 내포지방은 4대강 수계지역과 무관하게 금북정맥 또는 차령산맥을 경계로 구분되는 독자적 지역이다. 한강에서 밀려나 금강을 중심으로 터를 잡게 된 백제는 이곳을 중심으로 인도, 중국 등과 많은 교류를 갖게 되어 불교 전래의 근거지가 되었다. 가야산을 조산으로 덕숭산을 배산하는 수덕사의 형국이 아산, 예산, 덕산, 서산 등지를 잇는 중심거처가 된 연유다.

대웅전은 대웅大雄, 말 그대로 석가모니의 집이다(참고로 무량수전이나 극락전은 아미타불을, 대적광전은 비로자나불을 본존불로 모시는 곳). 고려 충렬왕 34년 1308년에 중건했다는 상량문이 발견되어 유일하게 연도를 확인할 수 있는 고려시대 목조건축이다. 이 집의 청량함은 평범하게 보이는 구성에서부터 온다. 비교적 넓어 보이는 정면 3칸의 나무기둥 4개가 자못 무겁게 흘러내리는 기와지붕을 떠받히는 모습은 군더더기 없이 말끔하다. 맞배지붕의 단순한 선들이 담담하게 놓이면서 집 안 내부가 잘 보호받고 있다는 느낌이 들고, 부처님의 널찍한 어깨 같은 기둥 구조의 비례는 보면 볼수록 시선을 청아하게 이끌고 있다.

더구나 절 안에 들어가려 옆으로 돌아 측면을 바라보는 순간, 말을 멈추게 된다. 옆모습의 그 고졸古拙한 아름다움이란…. 가장 최고의 경지는 즐기는 사람만이 이룰 수 있다는데, 우리나라 목가구 구조의 아름다움을 이처럼 즐거이 온통 내보일 수 있는 자

© 김연웅

1 | 2

1. 수덕사 대웅전은 고려 충렬왕 34년 1308년에 중건했다는 상량문이 발견되어 유일하게 연도를 확인할 수 있는 고려시대 목조건축이다. 2. 정혜사에서 본 수덕사

© 최순영

신감은 지난 700여 년을 꿰뚫고도 생생히 전해진다. 문 안으로 조심스레 들어서면 마룻바닥의 듬직한 감촉에 향내와 섞여져 풍기는 오래된 목재의 묵은 냄새, 그 속에서 한눈에 꽉 들어차는 부처님은 오래도록 나를 기다리고 있는 고향 할아버지처럼 내 눈높이에서 이제 오냐고 미소 짓고 있다. 좌우에 있는 협시불 또한 염화시중의 미소로써 잔잔한 공간을 향기롭게 구성하고 있다. 그 위로 시원스레 드러나 있는 목가구 구조 그대로의 내부 모습은 집 안팎의 경계를 허물면서 무념무상의 불교 교리처럼 시공을 넘나드는 형상을 보여주고 있다.

집은 집일 뿐이고 기둥과 지붕의 단순하지만 격조 있는 구성 속에 잠시 머물러 있을 따름이며, 깨달음의 말씀은 그저 야단법석인 자연 속으로 흩어질 뿐이다. 우리나라는 종교의 나라인 것 같다. 인도의 불교, 중

3 | 4

3. 수덕사 대웅전 후면 4. 대동여지도에 그려진 가야산

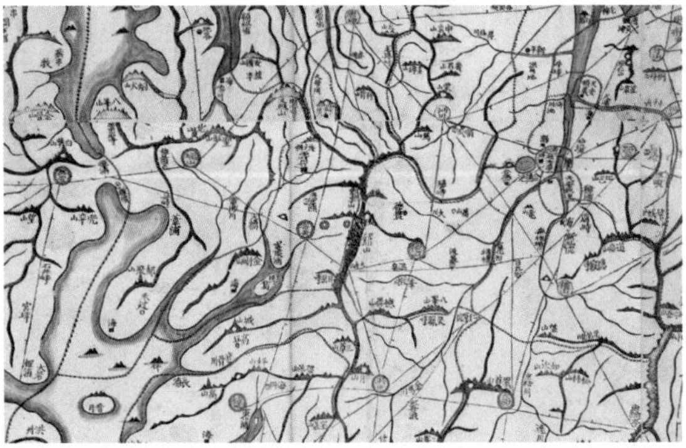

국의 유교, 유럽의 천주교, 미국의 기독교 등 세계적인 종교들을 골고루 진정성 있게 계승하고 유지 발전시키고 있는 나라는 지구상 유일하지 싶다. 때로는 원조 나라들 보다 더욱 깊은 종교적 성취들로 명성을 얻기도 한다. 산이란 산에는 대부분 사찰이 있고 흩어져 있는 암자들까지 헤아리면 이른바 '부처님의 집'으로 가득하다. 도시란 도시에는 시선이 닿는 곳마다 십자가가 있고 상가 건물에 있는 '하나님의 집'까지 도시의 밤하늘을 잔뜩 메우고 있다.

동서양을 막론하고 건축의 역사는 '신神의 집'에 의해 쓰였다. 이집트의 피라미드, 그리스의 파르테논 신전에서부터 서양건축의 역사는 시작됐고 대부분의 유럽도시 숭심부에는 광장에 면한 대성낭 두오모가 있다. '하나님의 집' 서양 건축은 이처럼 돌집石造의 역사이고, 반면에 동양의 집은 나무집木造의 역사다. 영국의 전래동화 『아기돼지 삼형제』는 전 세계 어린이들이 다 읽는다. 첫째 돼지의 초가집과 둘째 돼지의 나무집은 게으름 탓이고, 막내 돼지의 돌집은 근면함과 성실함의 결과로서 늑대를 물리칠 수 있다. 서양의 성공신화 근대화, 산업화의 패러다임을 잘 전달해주는 텍스트다. 이에 반해 근대화 패러다임에 도전하던 동양의 동도서기東道西器론은 아직도 하나의 가정에 불과하다.

5

5. 수덕사 대웅전 정면

© 최순영

교황 요한 바오로 2세는 1980년 11월 19일 뮌헨에서 다음과 같은 교지를 내렸다. "현대 교회 건축은 바실리카나 로마네스크, 고딕이나 르네상스, 바로크 시대의 모방일 수 없다. 현대 성당 건축은 우리 시대의 문화와 감성, 그리고 오늘날 가능한 재료와 수단을 활용하면서 오늘의 신앙에다 그 형태와 표현을 부여해야 한다."

현대에 이르러 '신의 집'은 양식style을 잃었다. '하나님의 집'은 돌집으로서 '부처님의 집'은 나무집으로서 각기 최고의 건축 역사를 구현한 이래로 새로운 진화를 꿈꾸고 있다. 콘크리트, 철, 유리로 대변되는 오늘날의 '재료와 수단'이 하나님이나 부처님에 대한 신앙에 다다르지 못하고 있다. 돌아가신 바오로 교황의 간절한 소망은 아직도 새로운 건축의 역사를 위해 비워진 채 남겨져 있다. 20130526

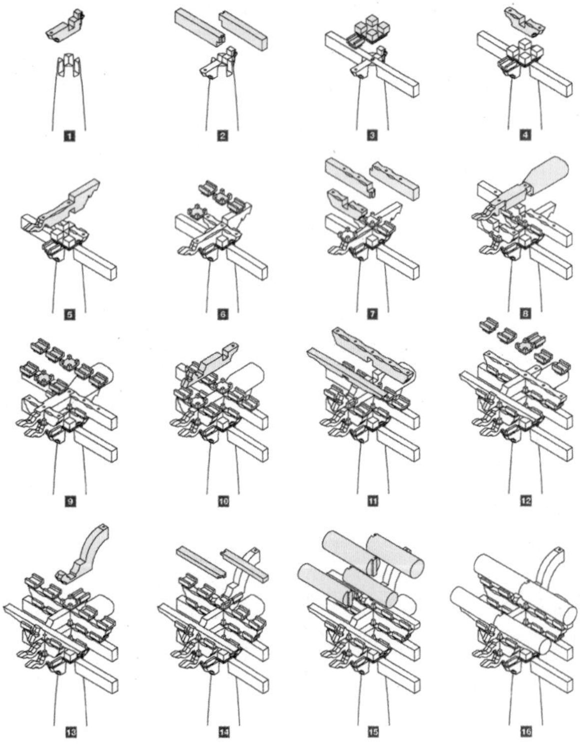

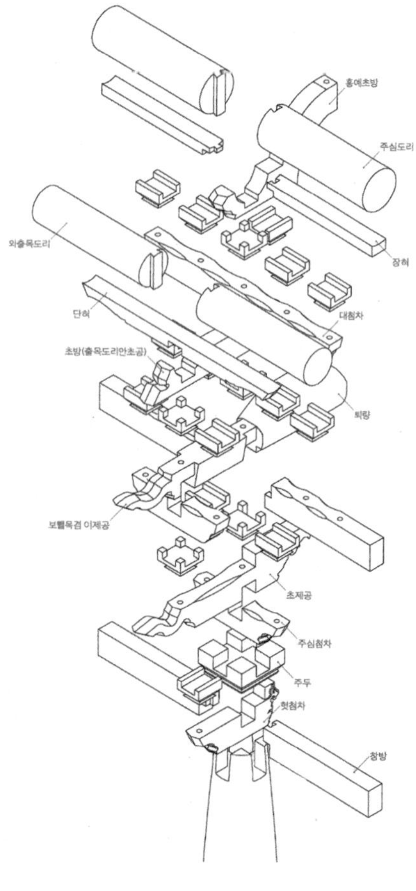

© 최순영

7

6

6. 수덕사의 공포 조립도 7. 대웅전 처마. 맞배지붕의 단순한 선들이 담담하게 놓이면서 집 안 내부가 잘 보호받고 있다는 느낌이 든다.

밋밋한 건물이 로맨틱 공간으로, 2층 발코니의 힘

줄리엣의 집

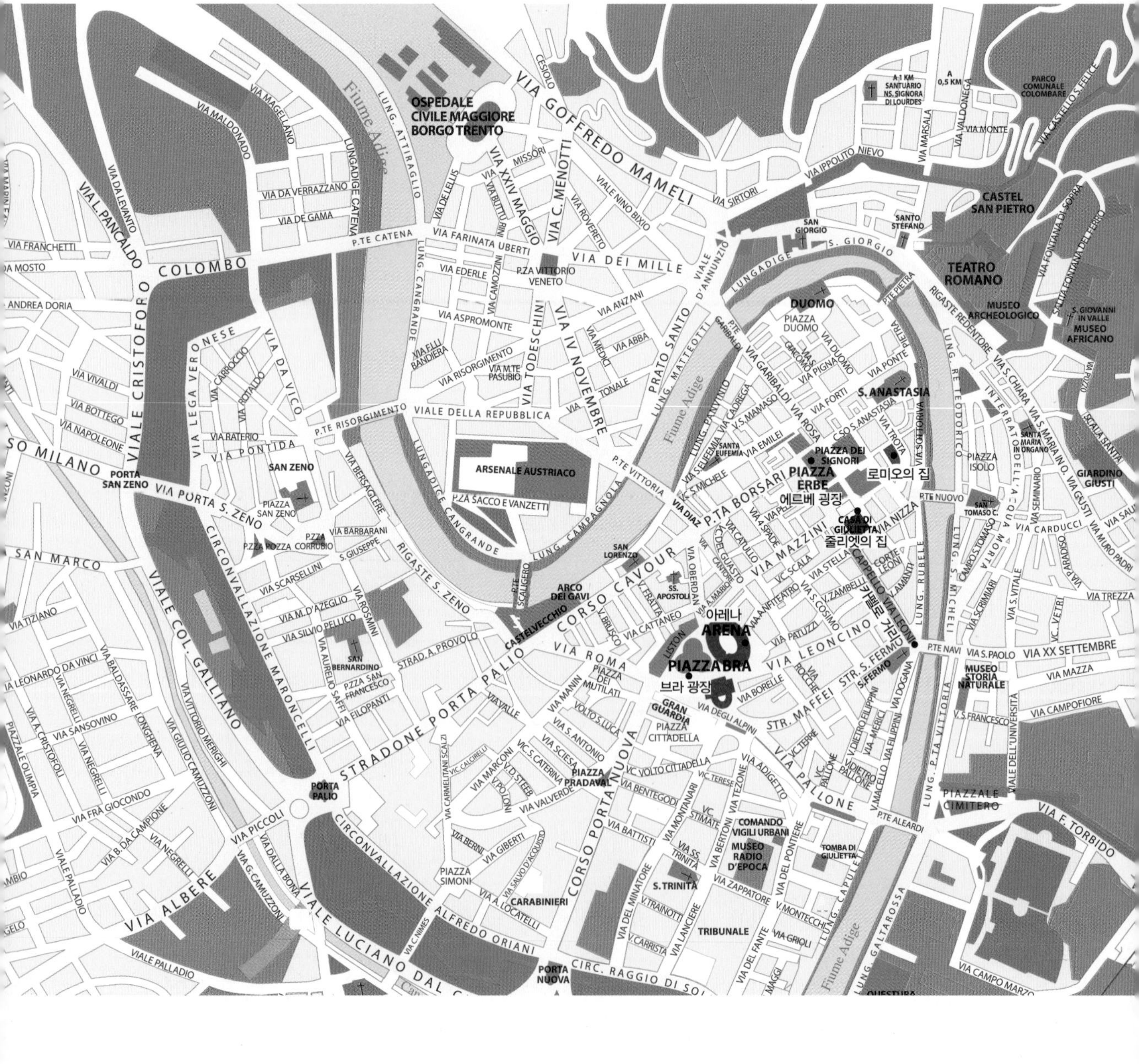

OSPEDALE CIVILE MAGGIORE BORGO TRENTO
Fiume Adige
VIA GOFFREDO MAMELI
VIA MAGELLANO
VIA MALDONADO
LUNGADIGE CATENA
LUNG. ATTIRAGLIO
VIA DA VERRAZZANO
VIA DE GAMA
VIA DA LEVANTO
VIA L. PANCALDO
VIA FRANCHETTI
DA MOSTO
COLOMBO
ANDREA DORIA
P.TE CATENA
VIA FARINATA UBERTI
VIA DE LELLIS
VIA XXIV MAGGIO
VIA C. MENOTTI
VIA ROVERETO
VIALE NINO BIXIO
MISSORI
CESIOLO
VIA SIRTORI
VIA IPPOLITO NIEVO
A 1 KM SANTUARIO NS. SIGNORA DI LOURDES
A 0,5 KM
VIA MARSALA
VIA VALDONEGA
VIA MONTE
PARCO COMUNALE COLOMBARE
VIA CASTELLO S. FELICE
CASTEL SAN PIETRO
SAN GIORGIO
SANTO STEFANO
S. GIORGIO
TEATRO ROMANO
MUSEO ARCHEOLOGICO
S. GIOVANNI IN VALLE
MUSEO AFRICANO
VIA DEI MILLE
P.ZA VITTORIO VENETO
VIA EDERLE
VIA CAMOZZINI
LUNG. CANGRANDE
VIA ASPROMONTE
VIA ANZANI
VIA TODESCHINI
VIA IV NOVEMBRE
VIA MEDICI
VIA ABBA
VIA F.LLI BANDIERA
VIA RISORGIMENTO
VIA M.TE PASUBIO
VIA TONALE
PRATO SANTO
VIALE D'ANNUNZIO
LUNGADIGE
LUNG. MATTEOTTI
DUOMO
PIAZZA DUOMO
VIA DUOMO
VIA PIGNA
VIA PONTE
P.TE PIETRA
RIGASTE REDENTORE
LUNG. RE TEODORICO
VIA S. CHIARA
VIA S. MARIA IN O.
INTERRATO DELL'ACQUA MORTA
S. ANASTASIA
VIA FORTI
VIA ROSA
VIA GARIBALDI
VIA CADREGA
LUNG. PANVINIO
VIA EMILEI
SANTA EUFEMIA
PIAZZA DEI SIGNORI
PIAZZA ERBE
에르베 광장
로미오의 집
VIA SOTTORIVA
VIA TROTA
CSO S. ANASTASIA
SANTA MARIA IN ORGANO
PIAZZA ISOLO
GIARDINO GIUSTI
SCALA SANTA
VIALE DELLA REPUBBLICA
VIA LEGA VERONESE
VIA CARROCCIO
VIA ROTALDO
VIA DA VICO
VIALE CRISTOFORO
VIA VIVALDI
VIA BOTTEGO
VIA NAPOLEONE
P.TE RISORGIMENTO
VIA RATERIO
VIA PONTIDA
SAN ZENO
SO MILANO
PORTA SAN ZENO
VIA PORTA S. ZENO
PIAZZA SAN ZENO
VIA BERSAGLIERE
ARSENALE AUSTRIACO
P.ZA SACCO E VANZETTI
LUNGADIGE CANGRANDE
LUNG. CAMPAGNOLA
P.TE VITTORIA
VIA S. MICHELE
P.TA BORSARI
VIA DIAZ
CASA DI GIULIETTA
줄리엣의 집
VIA MAZZINI
VIA NIZZA
P.TE NUOVO
SAN TOMASO C.
VIA CARDUCCI
VIA GIUSTI
VIA SEMINARIO
VIA MURO PADRI
VIA PARADISO
VIA TREZZA
CIRCONVALLAZIONE MARONCELLI
P.ZZA POZZA
P.ZZA CORRUBIO
VIA BARBARANI
S. GIUSEPPE
SAN MARCO
RIGASTE S. ZENO
SAN LORENZO
VIA SCARSELLINI
VIALE COL. GALLIANO
VIA M. D'AZEGLIO
VIA ROSMINI
VIA SILVIO PELLICO
VIA TIZIANO
SAN BERNARDINO
VIA AURELIO SAFFI
P.ZZA SAN FRANCESCO
STRAD. A. PROVOLO
ARCO DEI GAVI
CASTELVECCHIO
P.TE SCALIGERO
CORSO CAVOUR
SS. APOSTOLI
VIA OBERDAN
VIA CATTANEO
VIA ROMA
아레나
ARENA
VIA LEONCINO
VIA CAPPELLO
VIA LEONI
카펠로 거리
LUNG. RUBELE
P.TE NAVI
VIA S. PAOLO
VIA XX SETTEMBRE
MUSEO STORIA NATURALE
VIA MAZZA
VIA CAMPOFIORE
V.S. FRANCESCO
PIAZZA BRA
브라 광장
GRAN GUARDIA
PIAZZA CITTADELLA
VIA DEGLI ALPINI
STR. MAFFEI
STR. S. FERMO
S. FERMO
VIA DOGANA
VIA BORELLE
PIAZZA DEI MUTILATI
VIA MANIN
VIA VALLE
VIA FILOPANTI
STRADONE PORTA PALIO
VIA LEONARDO DA VINCI
VIA BALDASSARE LONGHENA
VIA SANSOVINO
VIA NEGRELLI
VIA A. CRISTOFOLI
PIAZZALE OLIMPIA
VIA GIULIO CAMUZZONI
VIA VITTORIO MERIGHI
VIA FRA GIOCONDO
PORTA PALIO
VIA PICCOLI
VIA B. DA CAMPIONE
VIALE PALLADIO
VIA ALBERE
VIA G. CAMUZZONI
VIA DALLA BONA
VIALE LUCIANO DAL C...
CIRCONVALLAZIONE ALFREDO ORIANI
VIA CARMELITANI SCALZI
VIA MARCONI
VIA S. ANTONIO
VIA SCIESA
PIAZZA PRADAVAL
CORSO PORTA NUOVA
VIA VALVERDE
VIA BENTEGODI
VC. VOLTO CITTADELLA
VIA BATTISTI
VIA MONTANARI
VC. STIMATE
COMANDO VIGILI URBANI
MUSEO RADIO D'EPOCA
VIA ADIGETTO
VIA PALLONE
TOMBA DI GIULIETTA
P.TE ALEARDI
PIAZZALE CIMITERO
VIA F. TORBIDO
LUNG. P.TA VITTORIA
VIALE DELL'UNIVERSITÀ
VIA BERNI
VIA GIBERTI
PIAZZA SIMONI
CARABINIERI
S. TRINITÀ
VIA ZAPPATORE
VIA DEL PONTIERE
VIA DEL MINATORE
TRIBUNALE
VIA LANCIERE
VIA CARRISTA
VIA DEL FANTE
VIA GRIOLI
LUNG. CAPULETI
LUNG. GALTAROSSA
QUESTURA
VIA CAMPO MARZO
PORTA NUOVA
CIRC. RAGGIO DI SOLE
VIALE PALLADIO

© Michele Molinari

봄 학기가 끝나가면서 무더위가 시작될 때면 젊은 시절 즐겨 찾던 연극 〈한여름 밤의 꿈〉이 생각난다. 학기 내내 이어지던 데모의 물결도 끊어지고 최루탄 냄새도 사라질 즈음 신촌 연세대학교의 백양로 길은 짙게 푸르러진다. 잠깐은 낭만적이고 싶어 찾아 들어가면 돌계단의 노천극장은 벌써 젊은 열기로 가득 차다. 먼 나라 이야기를 어설프게라도 흉내 내고픈 그 시절의 배우나 관객으로서는 탁 트인 야외의 시원스러움이 그저 고맙고 갈망하던 순간들도 다소 느긋해진다. 왠지 수다스럽기만 한 대사들이나 지루해질 수 있는 긴 공연이 끝나고, 이어지는 뒤풀이 향연의 추억들은 한여름 밤의 꿈처럼 내 젊음의 롱테이크로 아련히 남아 있다. 1970년대 그때는 가보지 못한 곳의 이야기, 상상 속의 장소들은 늘 동경의 대상이었다.

리처드 폴 로의 『셰익스피어의 이탈리아 기행』에 따르면, 작품 속 아테네는 그리스가 아니라 '작은 아테네La Piccola Atena'라 불리던 북부 이탈리아의 작은 성 사비오네타Sabionetta라는 것이다. 변호사이면서 셰익스피어 연구가인 저자는 이처럼 30여 년간 이탈리아 각지를 찾아다니며 셰익스피어 작품들을 추적한 결과, 작품 속 배경들은 정확히 허구가 아닌 현실 속 이탈리아의 장소들인 것으로 밝혀내고 있다.

줄리엣의 집은 북부 이탈리아 베로나Verona에 있다. 한여름 축제 오페라 페스티벌이 열리는 로마시대 유적 아레나Arena로 잘 알려진 베로나는 '알프스 산맥을 무사히 넘은 뒤 브렌네르 고개Brenner Pass로 내려올 경우 가장 처음 밟게 될 이탈리아의 첫 번째 도

1 | 2

1. 베로나 시 중심가 2. 베로나 시, 원형극장 아레나와 아디제 강이 보인다. 그 사이에 줄리엣의 집이 있다.

시'다. 교황이 있는 로마를 중심으로 보면 변방 도시지만 신성로마제국의 황제 입장에서는 알프스 바로 밑 로마로 향하는 관문이 되는 경계 도시이다. 바로 로미오와 줄리엣의 두 가문, 교황파 몽테규 가문과 황제파 캐플렛 가문의 갈등이 폭발하는 지정학적 숙명의 도시인 것이다.

1302년에 있었다는 두 가문의 이야기는 여러 사람의 손을 거쳐 전해오다가 17세기 영국의 셰익스피어에 의해 세계적인 사랑 이야기가 되었다.

극중 무대가 된 영원한 사랑의 집 '줄리엣의 집Casa Di Giulietta'은 베로나 시내 중심부에 있다. 원형 경기장 아레나가 있는 브라 광장Piazza Bra에서 북쪽으로 가다 보면 왁자지껄한 에르베 광장Piazza Erbe이 나온다. 그곳에서 남동쪽으로 꺾어 아디제 강으로 향하는 카펠로 거리Via Capello를 걸어가면 왼쪽으로 아치가 있는 탑상형 집이 나타난다. 줄

4 | 5

4. 베로나 시 에르베 광장 5. 줄리엣의 발코니에서 바라본 중정

리엣의 집이란 조그만 팻말이 있고 철문 안으로 들어서면 안쪽 마당으로 눈 돌릴 틈도 없이 좌우 벽에 가득 붙어 있는 종이들에 눈이 간다. 전 세계에서 몰려온 사랑 이야기들이 좁은 골목길 안에 아우성처럼 꽉 들어차 있다. 중정corte에 들어서면 단아한 줄리엣 동상이 나무 밑에서 마주한다. 허무하게 죽은 두 연인 앞에서 로미오의 아버지 몽테규는 "나는 순금으로 그대 따님의 동상을 세워서, 베로나의 이름이 남고 남는 동안 진실하고 절개가 굳은 줄리엣의 모습이 세상의 찬양을 받도록 하겠습니다"라는 극중의 말대로, 찾아와 동상 앞에 선 모든 이들이 마치 영원한 사랑을 쟁취한 것처럼 환하게 웃으면서 자기 사진 속에 등장한다. 이층 벽에 붙어 있는 다소 둔중한 발코니는 1900년대 개보수하면서 첨가한 것이라는 의심을 받지만, 밋밋한 벽체에 훌륭한 무대장치로써 손색이 없다. 어두운 밤 정원의 로미오가 발코니의 줄리엣과 나누는 대사 속에 숨막혀한 수많은 남녀가 남아 있는 한은….

내부는 일반적인 이태리식 주택으로서 별 특징은 없고 현재는 매년 보내오는 사랑의 편지 4만 여 통을 상대해주는 사무실로 일부 사용하고 있다. 증축한 맞은 편 호텔에는 베로나 시가 '사랑의 도시'를 내걸고 1,000유로에 결혼예식을 그럴싸하게 치러주고 있어서 많은 여행객들의 환영을 받고 있다. 로미오의 집은 그리 멀지 않은 북쪽 단테Dante 동상이 있는 광장을 지나 좁은 골목길 안에 전형적인 도시형 주택 도무스Domus에 있다. 일설에 의하면 그 당시 영주 스칼리거Scaligere의 미움을 받아 1324년 추방되

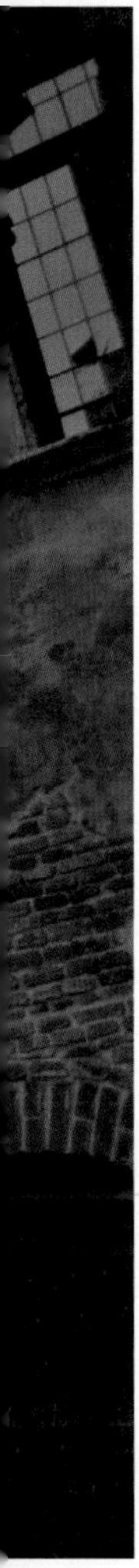

© Castorina

어 이후 몰락한 것으로 알려져 있다.

북부 이탈리아에서 유명한 관광도시 밀라노, 베네치아 등과는 달리 고대 로마시절 도시 조직이 잘 남아 있는 베로나의 시민들은 자존심이 강하다. 셰익스피어를 굳이 팔지 않더라도 1302년에 있었던 사실은 단지 그들의 이야기일 뿐이다. 베로나 시 홈페이지에는 딱히 로미오나 줄리엣의 집에 대하여 별반 소개하고 있지 않다. 그저 알고 찾아다니는 여행객들의 선택일 뿐이다.

"정말이지, 지난 몇 년 동안은 마치 병이 든 것 같았고, 그것을 고칠 수 있는 길은 오로지 이곳을 내 눈으로 직접 바라보며 이곳에서 지내는 것뿐이다."

약혼자가 있는 샤를로테와의 사랑을 질풍노도Strum und Drang의 소설 『젊은 베르테르의 슬픔』으로 남긴 괴테Goethe, 1749~1832가 '온 세계를 위한 위대한 학교' 이탈리아를 37살 나이에 1년 8개월 동안 여행하면서 남긴 독백이다.

여름 휴가철, 혹시 이탈리아로 여행가는 분들은 『괴테의 이탈리아 기행』과 『셰익스피어의 이탈리아 기행』을 필독하거나 지참하여 가보면 꽤나 새로운 느낌으로 유럽을 읽을 수 있을 것 같다. 20130707

6

6. 중정에서 바라본 줄리엣의 발코니

우리네 삶터의 원형

개성의 옛집

2003년과 2005년 두 번에 걸쳐 개성을 다녀왔다. 하루 일정인지라 출국과 입국을 두 차례 겪게 되는 진기한 경험이었다. 간단하지만 긴장된 입국신고를 마치고 다시 버스에 오른 지 10여 분이 지나니 도착이란다. 판문점에서 8km 거리이므로 당연한데도 다들 마냥 신기할 뿐이다. 부모님 고향이 평안도이고 처갓집 고향이 개성이라서 예전부터 수없이 들어왔던 북한 땅 고향길이 이렇게 코앞이라니…. 땅은 예전 그대로일 텐데 사람들이 금그어놓고 경계를 만든 순간부터 서로 딴 세상이 되었다. 냉전이 끝나면서 수많은 담장들이 허물어졌는데 이 땅의 경계선은 아직도 서슬이 퍼렇다.

오백년 도읍지를 필마로 돌아드니
산천은 의구하되 인걸은 간데없네.
어즈버 태평연월이 꿈이런가 하노라.

고려 말 충절을 지킨 삼은三隱 중 가장 어려 조선 초기를 감내했던 야은 길재 선생(1353~1419년)의 장탄식이 들리는 듯 보기에도 암울한 개성의 풍경이다. 남한의 자본과 기술로 조성된 공업지구의 활기찬 모습과는 다르게 온통 무채색인 개성 시가지는 방문객의 시선을 당황하게 한다. 평양 간 고속도로에서부터 자남산子男山 정상에 세워진 김일성 동상까지의 통일거리는 양옆에 늘어선 시멘트 색깔의 고층 아파트들과 더불어 암담하다. 아기자기한 우리나라의 지형과는 무관하게 뻗어 있는 일직선 도로나 획일적인 아파트의 수직선은 예전의 산천을 간데없게 만들었다. 그나마 반갑게 보이는 남대문도 잠시 그곳을 경계로 개성 성안마을은 들어가지도 못하게 한다. 오기 전 열심히 사전조사를 거쳐서 꼭 많은 풍경을 담아 오리라 다짐했던 '개성의 집'의 원형은 보지도 못한 채 돌아왔다.

1 | 2

1. 개성 내성 구역의 기와집 전경 2. 개성 위성사진

2층 기와집이 줄지어 서 있던 천년 도시

천년 전 고려의 도읍지 개성開城은 한자 뜻 그대로 '열려 있는 도시'이다. 실크로드의 연장인 서해안 뱃길의 거점이자 멀리 동남아시아, 인도, 아라비아 등지까지 왕래하던 국제적인 무역도시였다. 수심이 깊어 원양함이 들어올 수 있는 벽란도에는 한 해 만여 명이 넘는 외국인들이 다녀갔으며, 이곳 예성강禮成江은 글자대로 '예절을 이루는 강'으로서 국제교류의 장소이기도 하다. 또한 한강, 임진강, 예성강 등 한반도 내륙의 1/3 지역에 뱃길이 닿는 삼강합수三江合水의 요충지로서 물산이 풍부한 풍천豊川터이기도 하다. 벽란도에서 개성의 서대문인 선의문宣義門까지 17리길에는 2층짜리 기와집이 줄지어 시가지를 형성하였고, 각 집마다 여섯 자가 넘는 처마가 이 저잣거리를 덮고 있어 눈·비를 피할 수 있는 시전회랑arcade의 장관을 이루었다고 한다.

거란족의 침입으로 뒤늦게 군사용 성채를 구축한 개성은 만월대를 중심으로 하는 황성구역과 사대문 안에 해당하는 내성반월성구역 그리고 송악산, 부흥산, 용수산, 오공산의 사신사四神砂로 둘러싸인 라성羅城구역으로 이루어져 있다. 중국의 송나라와 대등한 황제국으로서 고려는 이처럼 도성건축에서도 우리나라 지형에 맞는 풍수이론을 발전시켜 황성 체계를 완성하였고, 이후 조선시대 도읍지인 한양에서도 응용하게 되었다.

© moravius

4

3

3. 개성 남대문 4. 개성 기존의 주택단지

'개성의 집'은 사대문안 내성 구역에 집중되어 있다. 두문동杜門洞에서 모습을 드러내지 않은 선비처럼 내사산에 안온하게 둘러싸여 옹기종기 모여 있는 기와집들의 군상을 보면 바깥 세계의 무상함과 상관없이 천 년 전 기품이 서려 있다. 몇몇 솟구쳐 올라 있는 근대 건축물을 제외하면 역사의 정지화면처럼 산천이 의구하게 되살아날 것 같다. 남대문을 지나 과거 시전이 펼쳐지던 주 가로인 남대가南大街는 만월대가 있는 황성의 정문인 광화문까지 이어진다. 송악산에서 흘러내리는 백천白川은 남대가 이면길을 따라 흐르고 골목길 작은 개천들은 집 앞의 낙갓줄(집 앞 또는 집 안으로 이어지는 실개천으로, 먹는 물 외에 집에서 사용하는 생활용수의 물줄기이자 빗물의 자연 배수로로써 전통적인 친환경 물 활용 시스템)로 연결되면서 자연스러운 기와집 마을의 고즈넉한 풍경을 이룬다.

우리나라의 도읍지는 다섯 곳이고 이 중 통일 수도는 세 곳이다. 삼국시대 평양과 부여가 있고 신라의 경주, 고려의 개성, 그리고 조선의 한양이 각기 400~500년이라는 세계사에 드문 장기집권의 수도이다. 이 다섯 곳 중 부여와 경주는 과거의 도읍지 형상을 찾아보기 어려운 상태고, 평양은 이념의 수도로 한양은 자본의 수도로서 확장되어 현재는 남과 북으로 대치하고 있다. 이에 비하면, 예전 형상대로 현존하는 개성의 집은 이념과 자본의 파도 속에서 유일하게 살아남은 보물이자 우리나라의 역사 문화를 확인할 수 있는 원형질이라 할 수 있다.

세계유산 등재… 되살릴 길 찾아야

지난 6월 23일 캄보디아 프놈펜에서 진행된 유네스코 제37차 세계유산위원회에서는 북한이 신청한 개성 역사 유적지구를 세계유산으로 등재했다. 기념물과 유적의 내용으로는 5개의 성벽 구역, 만월대와 첨성대 유적, 남대문, 성균관, 숭양서원, 선죽교와 표충사, 태조 왕건릉 외 7개 왕릉 등이 포함되어 있다.

이는 북한에서 신청한 낱개의 유산에 대한 판단이었기 때문에 '개성의 집과 도시'의 결정적인 유산가치에 관해서는 접근이 이루어지지 않았다. 이탈리아의 베네치아(1987년)나 체코의 프라하(1989년), 중국의 리장(1997년) 등은 도시 전체가 세계유산에 등재됨에 따라 집과 도시, 나아가 그곳에 사는

5

5. 개성 내성 구역의 한옥 지대 전경

사람들도 같은 범주 속에서 평가받고 있다. 물론 이제는 세계적인 관광지가 되어 부를 누리며 시민들의 삶과 문화 또한 주목받고 있다.

2000년 6.15 공동선언에 따라 2002년 11월 북한의 개성공업지구법이 발효되었다.* 이로부터 남한의 자본과 기술이 북한의 토지 및 인력과 결합할 수 있게 되었다. 규정상 50년 임대한 2000만 평 토지에는 800만 평의 공업지구와 배후 생활구역 600만 평 등이 있고, 내성구역을 포함한 기존 시가지 400만 평도 남한의 사업 대상지에 속해 있다. 정치 문제로 늘상 말썽인 개성공단에는 최근까지 평균임금 150달러의 근로자 5만여 명이 123개 제조업체(섬유업체 72개소)에서 근무했다. 그나마 중국 공장의 평균임금 250달러보다 싸게 책정되어 있기 때문에 다행이란다. 과연 천년 전 황제국 고려의 수도 개성에서 이루어졌음직한 해법일까?

땅은 말이 없다. 산천도 의구할 따름이다. 북한이야 말할 바가 없겠지만, 세계를 향해 한반도의 족보를 밝혀야 할 남한이 기껏 선택한 자본과 기술의 결과물로서는 너무 개

---

*개성공단은 2016년 2월 11일 전면 폐쇄되었다. 북한 핵실험, 미사일 발사로 인해 정부에서는 이전과는 다른 대북 조치의 필요성을 느꼈고 매년 1000억 원가량의 달러가 들어가는 통로로 활용되는 것을 막기 위해서다. 달러 유입 통로 차단뿐만 아니라 유사시 개성공단 상주 국민들의 인질화 우려, 국제사회의 대북 제재 유도를 위한 조치이다.

6 | 7

6. 내성 구역 골목, 1920년대 개성 선죽교 7. 지남산 김일성 동상에서 바라본 통일거리. 보이는 봉우리가 용수산이다.

넘이 없다(헌법 제3조 "대한민국의 영토는 한반도와 그 부속 도서로 한다").

이제라도 '개성의 집과 도시'를 복원해야 한다. 열려 있는 도시로서, 국제적인 무역도시로서, 천년의 역사도시로서, 오백년 도읍지 황제 도시로서, 자연과 더불어 있는 생태도시로서, 우리나라 집과 마을의 원형질로서 그리고 살아온 사람들의 수많은 삶과 문화와 이야기들로서 꽉 차게 복원되어야 한다. 그래야 비로소 우리나라의 집과 도시의 미래가 열릴 것이다. 20130825

노블레스 오블리주의 실현

황태자의 땅콩집

1 | 2

1. 프린스 하우스 전면, 왼쪽에는 $85m^2$의 주택, 오른쪽 1층은 $36m^2$의 스튜디오 그리고 우측 2층과 다락을 함께 쓰는 복층형 주택이다. 2. 이노베이션 파크 메인 광장에서 바라본 프린스 하우스, 3세대 공동주택이다.

런던에서 북쪽으로 20킬로미터 떨어진 왓포드Watford, 이곳에는 12개의 실험 모델하우스가 있는 이노베이션 파크가 있다. 그 열두 개의 집 가운데 하나는 건축 환경을 위한 황태자 재단The Prince's Foundation이 지은 것이다. 이 집은 실험 주택에서 한걸음 더 나아가 도시형 집합 형태까지 연구하는 진정한 보급형 국민주택의 일환이다. 전문가들에 의한 가로경관street view 연구가 황태자의 직접적 참여 속에 이루어지는 것은 세계적인 도시 경쟁력 시대에 또 하나의 노블레스 오블리주라 할 수 있다.

자기 집을 짓고 산다는 것은 그 자체만으로도 행복한 일이다. 최근 30·40대 부부들이 땅콩집에 열광하는 이유다. 아파트의 삭막함이나 단독주택의 부담감에 고민하다 보면 다소 저렴한 모드의 땅콩집이 충분히 새집 마련의 대안이 된다. 한 주머니에서 두

© BRE

알이 나오고 한 껍질 속에서 가지런한 두 조각이 나누어진다. 비정한 도시생활에서 지쳐가는 즈음 등 기대고 따뜻한 이웃이 있는 우리 가족의 집이라니! 참으로 매력적이다. 어느새 외콩집도 생겨나고, 심지어 땅콩 밭(단지형 마을)까지 생겨나는 등 전국적으로 500여 채가 건립 중에 있다. 얼마나 폭발적이었으면 창시자라 할 수 있는 이현욱(광장건축 대표) 씨는 더 이상의 작업을 포기한다고 선언까지 했을까?

2011년 5월 런던 교외에서 찰스 황태자가 지었다는 원조 땅콩집을 보았다. 녹색도시, 녹색건축의 화두를 안고 유럽의 새로운 사례들을 답사하던 중의 일이다. BRE Building Research Establishment 연구소에서 2005년부터 조성하고 있는 이노베이션 파크*에 있다. BRE는 1921년에 정부에서 세웠고 1997년부터 민영화하여 건축 환경에 관한 설계, 컨설팅, 테스트를 전담하는 최고의 연구기관이다. 특히 그린홈 시범단지인 이노베이션 파크는 20여 개 다국적 기업들이 1000만 파운드(약180억 원)를 들여 조성한 12개 모델 하우스와 친환경 단지조경으로 구성되어 있다. 런던 북쪽 교외의 왓포드에 있는 이 단지는 최근 들어 세계적인 녹색성장의 모범으로 주목을 받으면서 리커창 중

---

*이노베이션 파크: 1921년 영국 정부에 의해 설립된 후 1977년 민영화되었다. 2005년부터 운영하고 있는 BRE는 이곳을 첨단 녹색주택기술의 시범단지로 만들었다. 20여 개의 다국적 기업이 1000만 파운드(약 180억 원)를 들여 조성한 이곳은 시공기간을 단축하고 탄소 발생을 줄이기 위해 목재 프레임 등 경량 자재와 재활용 자재를 최대한 이용한 주택들을 전시하고 있는 녹색주택기술의 시범단지다. 이곳의 모델하우스들을 보기 위해 매해 전 세계에서 100만 명 이상이 방문한다. 이 시범단지 안에 왕세자의 땅콩집이 있다.(자료 제공: www.princes-foundation.org)

국 부총리 등 지금까지 약 100만 명의 방문객이 다녀갔다. 한국도 G20을 계기로 녹색성장을 새로운 국가발전의 돌파구로 천명하고, G20 산하기관으로서 GGGIGiobal Green Growth Institute를 제안하여 주도하고 있다.

산업 사회 이후 인류 문명은 과학과 기술의 힘으로 자연을 극복하는 데 그치지 않고 정복 단계에 이르러서야 자연 파괴의 재앙을 깨닫게 되었다. 그러나 아직도 그동안의 성장 패러다임 속에 머물러 있어서인지 '자연을 챙겨주는 선에서의 개발성장'쯤 되는 모순적 형태로서 녹색성장의 길을 선택한 것으로 보인다. 역사적으로 볼 때 새로운 패러다임의 실행에 있어서는 항시 근본적인 성찰이 요구되며 더욱이 성장과 연계한 조급한 사업들은 냉정하게 바라볼 필요가 있다.

이노베이션 파크에 있는 실험 대상 모델하우스 중 하나인 황태자의 땅콩집은 녹색성

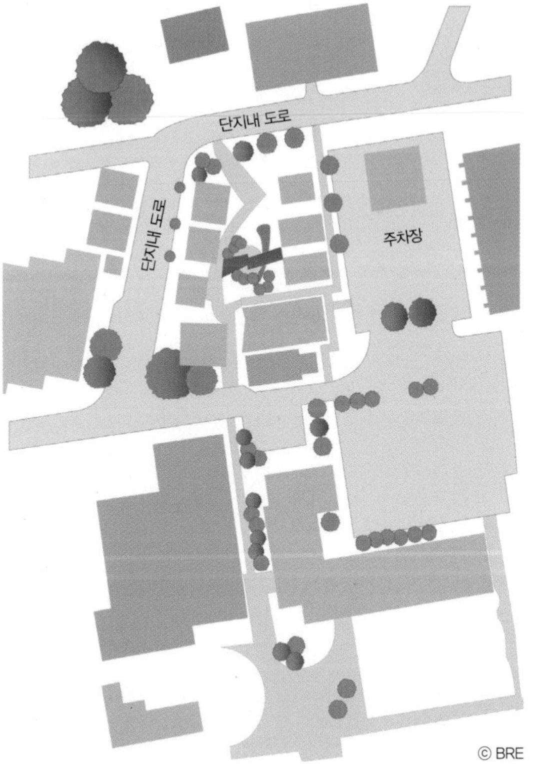

© BRE

3 | 4

3. 이노베이션 파크 중앙광장
4. 이노베이션 파크 전체 배치도

장과는 무관하다. 건축 환경을 위한 황태자재단The Prince's Foundation은 일찍이 수많은 건축 관련 작업들을 꾸준히 실행해오고 있다. 이번에도 기꺼이 새로운 친환경 국민주택에 관해 구체적 목표를 천명하고 2009년에 시작, 2011년 3월에 개관하였다. 이름하여 자연의 집natural house이다. 12채 중 따로 떨어져 있어 우아한 형태의 권위를 드러낸다. 항상 논란되고 있는 찰스의 복고주의를 따라 영국 조지아 양식의 저택을 본뜬 외관으로 전통적 좌우대칭형이다. 자연 환경에 순응하여 함께 숨 쉬는 자연의 일부가 되기를 목표로 하되, 내부 공간은 현대 생활에 맞게 설계됐다. 한 지붕 아래에 좌측엔 전용 85제곱미터의 주택, 우측 1층은 전용 36제곱미터의 스튜디오, 우측 2층과 다락은 73제곱미터의 메조네트로 구성된 3세대 공동주택이다. 서민을 위한 소위 국민주택 규모의 땅콩집으로 전통적 자연 재료와 시공기술을 사용하여 값싸고 손쉽게, 저탄소, 저에너지, 저비용의 3less목표를 구현하고 있다. 더구나 두터운 다공질의 점토 블록을 개발해 자연 환기, 단열 등 패시브 시스템으로 습기, 곰팡이를 제거하여 천식이나 호흡기 질환, 아토피, 피부염 유발 원인을 차단하는 데도 기여하고 있다. 자연재료 또는 재활용 경량 자재 및 물받이 블록의 사용 등으로 자원의 통합적 리사이클링 또한 목표로 하고 있다. 이러한 관점에서 지속가능한 녹색성장의 한 축인 그린홈의 솔루션으로 인정받고 있다.

영국 건축계에서는 일찍이 찰스 황태자의 건축 비평이 유명하다. 항상 황실의 입장에서 복고주의를 천명하고 모더니즘에 대하여 반대 입장을 취하고 있다. 특히 대규모 개발 행위에 대하여 반대하여 수많은 논란을 일으키곤 한다. 최근엔 작위를 받은 건축가 리처드 로저스경조차도 "노력에 의해 얻어지지 않은 지위를 가진 찰스는 함부로 나서지 말라"는 발언까지 하였다. 두 개의 대형 프로젝트를 놓친 후의 일이다.

5 | 6

5. 프린스 하우스, 하나의 집처럼 보이지만 왼쪽과 오른쪽은 다른 세대다. 6. 황태자 재단에서 제안하고 있는 도시형 집합주택의 입면

『*Deconstructing Prince Charles*』란 책까지 출판해 논쟁을 일으키고 있다. 어쨌든 황태자 같은 영향력 있는 인물이 자국의 도시나 건축에 대하여 전문적인 식견을 가지고 비평과 논란을 하고 있는 것은 부러운 일이다. 더욱 놀라운 것은 이 재단은 단순 실험주택에 머무는 게 아니라 도시형 집합 형태까지 연구하고 있다는 점이다. 진정한 보급형 국민주택연구라 할 수 있다. 땅콩집이 땅콩 밭으로 이어지듯, 단지나 마을 그리고 도시공간에서 유효하게 실현되기 위한 노력이 병행되고 있다는 것은 본받을 만하다. 전문가들에 의한 가로경관street view 연구가 황태자의 직접적 참여 속에 이루어지는 것은 세계적인 도시 경쟁력 시대에 또 하나의 노블레스 오블리주라 할 수 있다. 같은 녹색성장의 패러다임 속에서 황태자의 땅콩집과 우리나라의 4대강 사업이 비교되는 것은 한국인의 자격지심일까?

주거문화의 다양성은 생태계의 종 다양성 이상으로 필요한 시대가 된 것 같다. 지속가능성을 염두에 두고 현재의 삶을 규정짓는 것 또한 부질없는 것 같다. 다만, 우리나

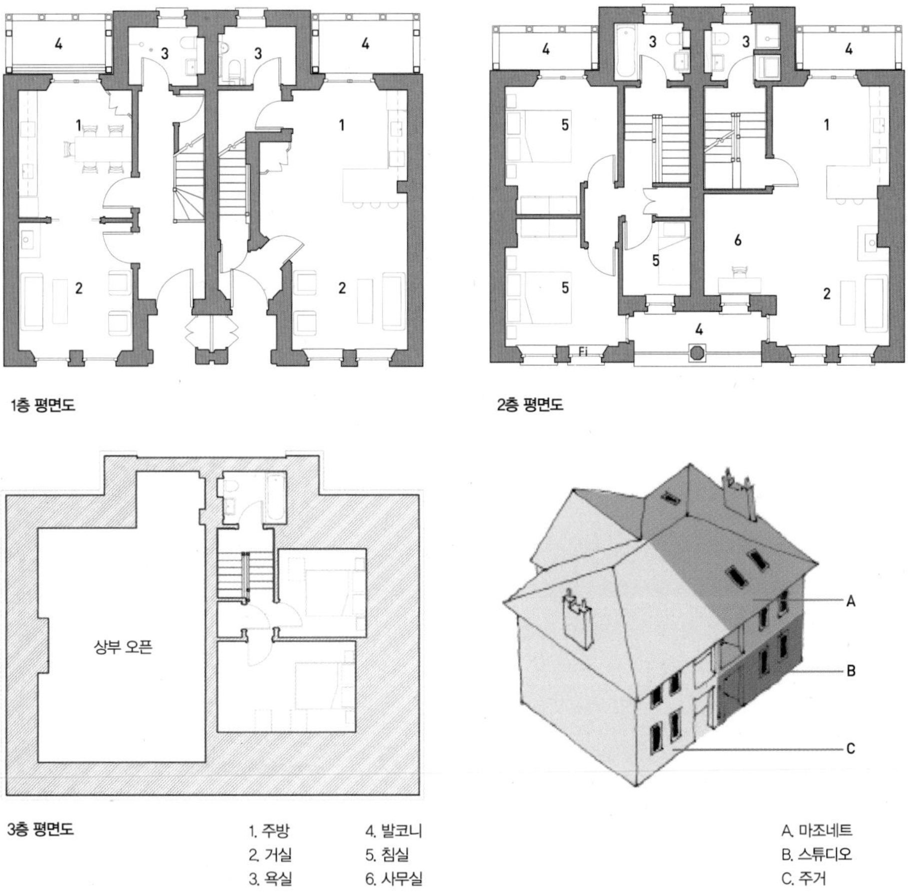

7 | 8

7. 프린스 하우스의 거실 8. 프린스 하우스의 구성. 좌측엔 85제곱미터의 주택, 우측 1층은 전용 36제곱미터의 스튜디오, 우측 2층과 다락은 73제곱미터의 메조네트로 구성된 3세대 공동주택이다.

라의 땅콩집 신드롬은 거품은 아닌지? 땅콩집의 성공은 과연 땅콩 밭으로 이어질 수 있는지? 한국의 지속 가능한 국민주택은 어떤 모습이어야 할지? 그저 남의 나라의 부러운 일로 쳐다만 볼 때는 아닌 것 같다. 20120506

대통령의 집을
새로운 건축의 역사로

청와대

© 최순영

청와대의 새 집주인이 선출됐다. 집 비워줄 사람과 5년 전세 들어올 사람들의 이사가 시작될 터이다. 집이긴 한데 국가의 운명을 거머쥔 사람의 집이라 조심스럽다. 건국 이래 이곳에서 평안하게 집 비워주고 나온 주인이 없었다는 사실이 무겁게 다가온다. 대통령이 될 정도의 강렬한 운세를 지닌 사람이 머문 지 5년 만에 무슨 일이 생기는 걸까? 선거 때마다 불거져 나오는 청와대 이전 문제에 대해 그동안 석연치 않았던 이야기를 중심으로 정리해보자.

우선 집터가 문제다.

세종로 광장에서 바라보는 경복궁 전경은 꽤나 아름답다. 세계사에 드문 600년 왕조의 궁궐 모습으로서 손색이 없다. 광화문과 근정전 북한산에 이르는 축도 볼만하지만, 옆으로 비껴 서 있는 북악의 빼어난 자태는 자꾸 눈길이 가는 광경이다. 왠지 마음에 걸리는 것은 그 아래 보이는 푸른색 기와집이다.

경복궁 후원을 돌아 계단을 오르면 개방한 지 오래지 않은 북쪽문 신무문神武門에 이른다. 문에 들어서는 순간 한눈에 꽉 차게 들어오는 북악산 봉우리는 압권이다. 그런데 순간 예의 푸른색 기와집과 철제 대문은 가슴을 답답하게 만든다.

일제시대 북악을 배경으로 남산 신궁에 이르는 축선상에 총독관저'大'자 건물를 건립하는 순간부터 생겨난 모습이다. 조선정궁 경복궁 경내에 총독부청사'日'자를 짓고 구 서울시청건물'本'자까지 건물로 쓴 '大日本'의 완성인 것이다.

예로부터 우리나라는 자연과의 조화를 중시하면서 사람이 사는 집양택과 죽어서 머무는 곳음택에 유난히 공을 들여왔다. 천지인 사상의 요체 또한 사람으로서 하늘의 뜻만큼 땅을 거스르지 않는다는 생각을 키워왔다. 즉, 사람들이 활동하는 공간을 제한하여 자연훼손을 최소화하는 체계를 갖추어왔다. 경복궁 경내의 신무문 바깥은 자연의 공간이지 일상적 활동의 집터일 수는 없는 것이다.

1. 멀리 보이는 청와대와 경복궁 그리고 구 서울시청사 2. 청와대 뒤로 보이는 북악산

조선시대 이곳은 신무문 글자대로 신神의 공간인 칠궁과 과거시험이나 무술연마를 위한 무武의 공간 경무대만 있었다. 또한 현 관저터에 있다는 '천하제일복지天下第一福地'라는 바위 위 각자刻字 또한 경복궁 또는 한양 전체의 터를 일컬어 이름한 것이지 바로 눈앞의 집터를 가리킨 것이라 생각하는 것은 심히 잘못된 발상이다.

말하자면 집짓지 말라는 곳에 일본이 저질러놓은 잘못을 건국 후에도 이어받고 군사정권 시절에는 더 크게 훼손시켜놓은 상태가 현재의 청와대 모습인 것은 분명한 역사적 사실이다. 예전부터 청와대 이전을 주장해온 최창조 교수는 "특히 청와대 터는 북악산에서 이곳을 거쳐 경복궁 근정전과 광화문을 연결하는 용龍의 맥세 중심통로의 출발점으로 기를 모아서 명당에 공급하는 수문 역할을 맡는 곳으로 그곳에 대형건물을 축조하는 것은 서울의 목을 조르는 행위에 해당된다"고 한다.

다음은 집의 문제다.

하루하루의 일상사가 이루어지는 집에서는 편리함이 최우선이다. 하물며 국가 대사를 밤낮으로 챙겨야 하는 대통령과 그 식구들의 동선은 가장 안전하고 편리하게 구

3 | 4

3. 청와대가 신무문과 경복궁, 시청을 잇는 축 선상에 있음을 확인할 수 있다. 4. 북악산 산자락에 있는 청와대

*청와대 홈페이지 참조

성되어야 한다. 하지만 지금의 청와대는 사는 곳 따로, 일하는 곳 따로 더구나 비서실, 영빈관, 춘추관이 별도로 떨어져 있어 걸어 다니기에도 애매한 거리에 각각 나뉘어져 있다. 고 김대중 대통령 시절 대변인이었던 박선숙 전 의원이 전한 바로는 "마무리 보고를 끝내고 어스름한 저녁에 홀로 떨어져 있는 관저에서 나올 때면 왠지 발걸음이

© Paul in Uijeongbu

떨어지지 않았다"고 한다. 이런 연유에서인지 언제부턴가 소통이 안 되는 구중궁궐로 불리워지고 있다. 미국의 백악관, 프랑스의 엘리제궁, 영국의 다우닝가 10번지 사례에서 보듯이, 대통령의 '삶과 일'은 하나의 공간에서 이루어지는 게 바람직하다. 더구나 청와대 본관은 가짜 한옥이다.

노태우 대통령 시절 나름 근정전을 본따서 제왕적 건축 형식을 갖추었어도 콘크리트로 지어진 한옥은 국가적 망신이다(이미 콘크리트로 지어진 구 광화문은 철거되어 서울 역사박물관 앞마당에 속살을 보이고 전시되어 있다.). 국가한옥센터를 만들고 신 한옥 문화를 한류로 이끈다고 수백 억을 쏟아부으면서 정작 국가의 상징으로 보여지는 집은 가짜 한옥이라니?

또 다른 문제는 이름이다.

4.19로 탄생한 윤보선 대통령 시절 미국의 백악관White House을 모방하여 청와대Blue House라 하고, 석조건축의 역사에서 의미를 갖는 하얀 대리석에 견주어 우리나라 전통의 청색기와를 사용하였다고 한다. 이어진 5.16으로 비롯된 박정희 대통령 시절에 영어로 블루가 갖는 의미를 꺼려했던 고 육영수 여사는 영문으로 'Chong Wa Dae'라 쓰게 했고, 중화주의에 근거했다는 동방색깔 청색을 싫어했던 일부 참모들은 '황와대Yellow House'를 주장했다는 웃지 못할 사연들이 있었다.

더구나 '대臺'의 뜻은 높고 평평한 건축물, 높게 두드러진 평평한 땅으로서 조선시대의 경무대나 육군사관학교의 화랑대 또는 북경의 조어대처럼 쓰이는 것이지 품격 있는 대통령 집의 이름에 붙이기에는 적합하지 않다.

물론 미국, 일본, 중국, 러시아 등 세계 열강 사이에서 자존감을 지키고 국력을 키워가는 것은 쉬운 일이 아니다. 그동안의 역사에서 스스로 낮추기와 큰 나라 따라하기로 살아남았다면, 이제부터는 우리의 국격에 걸맞는 당당한 우리의 모습을 갖출 때가 되었다. 1800년에 지어진 미국의 백악관이 200년 넘게 세계를 호령하였듯이, 한반도의 미래를 새롭게 설계하는 이 순간 '새 술은 새 부대에'라는 속담처럼 새로운 대통령의 집을 새로운 건축의 역사로 준비하여야 한다. 20121223

5 | 6

5. 청와대와 북악산 6. 청와대 내 있는 칠궁, 칠궁은 왕들을 낳은 친모이지만 왕비에 오르지 못한 후궁 7인의 신위를 모신 곳

© 한동수

조화로운 공간 구성,
실용적인 온돌마루

창덕궁 연경당

© 최순영

한옥은 우리가 살던 집이다. 그런데 잊히면서 낡게 되고 헐려서 사라져버렸다. 대표적인 도시 한옥마을인 서울 가회동의 낮시간은 관광객들이 차지했고, 밤에는 불 꺼진 골목이 된다. 새로운 부동산 신화를 이루어낸 북촌마을은 높아진 가격만큼 차곡차곡 박제화되고 있다. 인사동길, 삼청동 갤러리길을 타고 확산되는 상업화는 일상적 주거 기능을 위협한다. 지원금에 의존하는 지방도 사정은 마찬가지다. 민속촌 같은 박제화된 관광자원이나 출퇴근하는 사업용으로는 한계가 있다. 지속 가능한 일상적 삶이 이루어지는 주택으로서, 이웃이 있고 도시적 생활이 가능한 주거단지로서 현대화가 이루어져야 한옥은 비로소 길을 찾을 것이다. 그러기 위해서는 우선 한옥의 독창성을

© 최순영

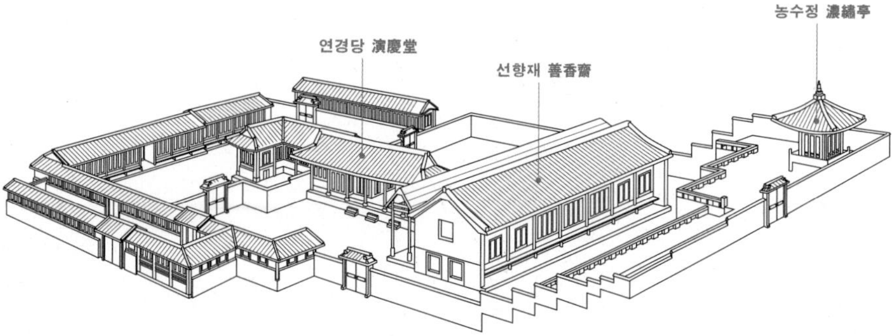

올바로 해석해내는 것이 필요하다. 근대화 이전까지 흔들림 없이 계승된 한옥 건축의 핵심 콘텐츠는 무엇일까. 창덕궁 연경당이 그 답이다.

연경당에 담긴 한옥 건축 핵심 콘텐츠

1405년 태종이 경복궁의 이궁으로 창건한 창덕궁은 조선시대에서 가장 오랜 기간 정궁으로 사용됐다. 베이징의 자금성이나 경복궁처럼 인위적인 구조를 따르지 않고 자연 지형과 토착적 풍수지리에 따라 조화를 이루고 있어 가장 한국적이라는 평가를 받는다. 또 왕가 생활에 편리함이 우선됐고 지형마다 친근감을 주는 구성으로 건축적 성취도 뛰어나다. 창경궁과 같이 동궐로 불렸으며 남쪽의 국가 사당인 종묘와 북쪽의 왕실 정원인 후원이 붙어 있어 최대의 궁궐 규모를 이루고 있다. 이 후원에는 순조 28년(1828) 효명세자가 아버지 순조에게 존호를 올리는 의례를 행하기 위해 창건한 연경당이 있다. 왕실에서 일반 사대부들의 일상생활을 경험해보고자 지었기 때문에 가장 규범적인 건축 형식을 따랐을 것으로 추정된다.

한옥의 공간 구성은 같은 목구조에 기와지붕 형식인 중국이나 일본과 큰 차이를 보인다. 기본적인 모듈인 한 칸은 수평적이면서 보편적이다. 모든 채마다 홑집의 형태라서 중국이나 일본 건축에서 보이는 공간적 위계나 종속적 영역 체계가 존재하지 않는다. 마당을 두고 펼쳐지는 집의 모습은 조금씩 다른 변화를 이루면서 조화롭다. 연경당의

1 | 2

1. 사랑채 마당. 마당은 비어보이나 매우 중요한 기능적 공간이다. 계절 따라 시간 따라 행사에 따라 다양하게 가변적으로 잘 쓰여야 하기 때문에 '채우기 위해 비워져 있음'의 동태적이고 생산적인 공간인 것이다. 2. 연경당 배치 도면

© 최순영

120여 칸 역시 균질하게 펼쳐져 안정적인 느낌을 준다.

방 안에 앉아 있어 보면 몸의 기가 살아나는 느낌이 든다. 자기를 둘러싼 위天 아래地의 공간과 앞·뒤의 마당, 경계 없이 이어지는 마루 등 천지자연의 비어 있는 공간들과 바로 맞닿아 있다. 암자나 선방의 형국이어서 한 개인이 온전히 사유하는 전인적全人的 공간 구성이 된다. 이러한 홑집에서 방의 독자성은 자연과의 동화에는 유리하지만 자연으로부터의 보호shelter라는 점에선 취약하다. 이를 온전히 보완하는 수단으로서 온돌은 필수적이다.

부뚜막土 속에 나무木를 넣고 불火을 지펴서 무쇠 솥金에 물水을 붓고 밥五穀을 짓는다. 이렇게 부엌에서 오행으로 만들어진 화기는 구들을 돌고 돌아 방 안을 데우고 벽을 타고 오르며 목재인 기둥과 창호를 팽창시켜 외기를 차단하고 지붕까지 축열제로 사

3 | 4

3. 장양문을 들어서면 보이는 넓은 마당과 사랑채 그리고 담장 너머 안채가 보인다. 4. 사랑채를 담당하는 장양문

© 최순영

© 최순영

© 최순영

용해 난방효과를 극대화한다. 취사용 에너지와 난방용 에너지를 동시에 해결하는, 세계적으로 유일하고 탁월한 시스템이다.

이러한 온돌방이 실實이라면, 이에 대응하는 마당이 공간, 즉 허虛가 된다. 마치 동전의 앞·뒷면처럼 실내와 실외 공간의 대응, 즉 홑집으로서 온돌방과 마당의 1:1 결합이 한옥 공간 구성의 핵심이라 할 수 있다. 마당은 비어 보이나 매우 중요한 기능적 공간이다. 계절·시간·행사에 따라 다양하게 쓰여야 하기 때문에 '채우기 위해 비워져 있는' 동태적이고 생산적인 곳이다.

방과 마당을 이어주는 마루 역시 빼어난 공간 체계다. 사계절에 걸쳐 마당과 더불어 가장 가득 차는 공간이다. 실내와 실외를 맺어주는 사이 공간의 한계를 뛰어넘는 적극적 공간 구성으로서 독립적 지위를 갖는다. 마치 중용의 도에 나오는 시중時中, 때에 맞춰 양극단을 포섭해 운행하는의 공간으로서 한옥 공간 구성의 핵심이다. 대부분의 사회적 활동과 생산 활동의 장소이기도 하다.

한옥의 형태를 결정짓는 것은 지붕이다. 지붕은 예부터 하늘을 상징하기에 과다할 정도의 재료와 장식 및 공력을 사용했다. 연경당 120칸 기와지붕도 일견 동일한 모습이 반복된 것 같지만 하나하나의 변화에는 세심한 의도가 들어 있다. 개별적 한 칸의 평등하고 독자적인 공간 체계와는 달리 그 위를 덮는 지붕의 구성은 신분이나 성별 또는 공간의 쓰임새까지 다양한 의미가 담겼다. 예를 들면 안채와 사랑채의 지붕은 연

5 | 6

5. 안채와 사랑채가 한눈에 보인다. 마루와 방이 번갈아 가며 자리하고 있다. 온돌방이 겨울과 밤의 공간이라면, 마루는 사계절에 걸쳐 마당과 더불어 가장 가득 차는 공간이다. 실내와 실외를 맺어주는 사잇공간의 한계를 뛰어넘는 적극적 공간 구성으로서 독립적 지위를 갖는다. 6. 사랑채와 안채 사이에 사람이 드나들 수 있게 만든 작은 문

경당에서 가장 공을 들인 부분이다. 양 끝단 누마루바닥이 가장 높은 마루방의 팔작지붕에서 시작해 서로의 높이를 맞물리면서 뒤편 안채와 연결된 사랑방의 지붕까지 팔작으로 마무리했다. 하늘의 기운으로 후손을 점지하고 싶은 의도를 다양한 조형미로 승화한 솜씨에서 선조들의 격조가 느껴진다.

한옥, 미래 주거양식으로 재해석해야

유럽의 르네상스는 중세 암흑시대 천년을 뛰어넘어 그리스·로마 시대로부터 오래된 미래를 끌어내 새로운 인류 문명을 탄생시켰다. 그리스신전과 로마의 건축술에 기초한 건축 형식의 재해석은 당대의 경제력과 인문학, 과학의 발전과 결합돼 서구의 건축양식으로 계승됐다. 더 역사가 오랜 한옥을 현대생활 속에서 어떻게 해석해야 하며 지속 가능한 미래의 주거양식으로 구현할 것인가. 오로지 우리의 노력과 창조적 역량에 달려 있다. 20121007

© 최순영

7 | 8

7. 뒷마당에서 본 사랑채와 안채를 나누는 담장. 왼쪽이 사랑채이고 오른쪽이 안채다. 8. 안채에서 보는 사랑채의 팔작지붕. 한옥의 형태를 결정짓는 것은 지붕이다. 지붕은 예로부터 하늘을 상징하기에 과다할 정도의 재료와 장식 및 공력을 사용하였다.

© 최순영

나만의 우주를 만들어줄 건축가를 만나다

방배동 H씨 댁

© 윤준환

집은 자기만의 우주다

집은 내밀한 피난처이기도 하지만 자기 자신을 드러내고 싶은 캔버스이기도 하다. 시선은 밖을 보지만 보여지는 것은 자기일 수밖에 없다. 단독주택은 이러한 안과 밖의 시선이 교차하면서 이루어내는 합주곡이다. 가족과 가족 간의 추억까지 더해지면 풍요로운 교향곡이 된다. 매일매일의 일상 속에서 보고 보여지고, 만지고 만져지고, 느끼고 느껴지는 대상으로서의 집은 그렇기 때문에 건축의 꽃이다. 이런 단독주택을 설계의뢰 받을 때 늘상 건축가는 고민한다. 잘 아는 사람이 의뢰인인 경우는 마치 친구간 돈거래처럼 화들짝 피하기도 한다.

20세기 초 호황이던 미국에서 잘나가던 루이스 설리번Louis Sullivan은 주택 의뢰가 들어오면 초짜이면서 고집 센 프랭크 로이드 라이트Frank Lloyd Wright를 시켜 회사의 중요한 고객(혹은 고객의 부인)을 만족시켰다. 도전적인 시절의 르 코르뷔지에나 미스 반 데어 로에Mies van der Rohe는 역사에 남은 주택 '빌라 사보아Villa Savoye', '판스워드 하우스Farnsworth house'를 건축하였지만, 건축주와 소송까지 이어지는 곤욕을 치르고서야 작품으로 남았다. 건축주와 건축가의 관계는 마치 톰과 제리처럼 평생 앙숙이지만, 동전의 앞뒷면처럼 둘이 있어야지 롱런하는 TV만화가 된다.

방배동 H씨 댁은 서래마을 언덕 서측 가로변에 있다. 서래마을은 프랑스 학교가 세워진 이래 꾸준히 새로워지면서 서리풀공원 주변과 함께 내외국인 모두가 선호하는 주

1 | 2 3

1. 남쪽에 15층 아파트 다섯 동이 지어지면서 십여 미터 절개지 위에 남겨졌다. 2. 2002년의 방배동 3. 2012년의 방배동

거지로서 각광받고 있다. 건축주 H씨는 이십여 년 전 이곳에 새집을 짓고 가족과 함께 살아온 토박이다. 그런데 2006년 멀쩡하던 남향집 앞에 단독주택 재개발사업으로 15층 아파트 다섯 동이 지어지면서 십여 미터 절개지 위에 남겨졌다. 더구나 바로 옆집마저 허물고 연립주택을 공사하는 순간 이곳을 떠날 생각까지 했다. 어처구니없는 세월 속에서도 정신을 차리고 주변 여건을 극복할 수 있는 새집을 짓기로 결심한다.

하지만 '자기만의 우주'를 해결해줄 수 있는 건축가를 만나는 것은 더욱 어려운 일이었다. 친형이 경영하는 대형 설계사무소에서 2년 가까이 여러 명의 건축가와 수많은 설계안이 제시되었다. 그러나 내키지 않는 집을 지을 수는 없었다. 우여곡절 속에 마지막으로 소개받은 건축가 조남호(솔토건축)와의 만남은 운명인 것 같다. 기존 안을 발전시키던 중 자기 생각이라고 가져온 스케치에 꽂혀 체증이 풀리듯 일주일 만에 설

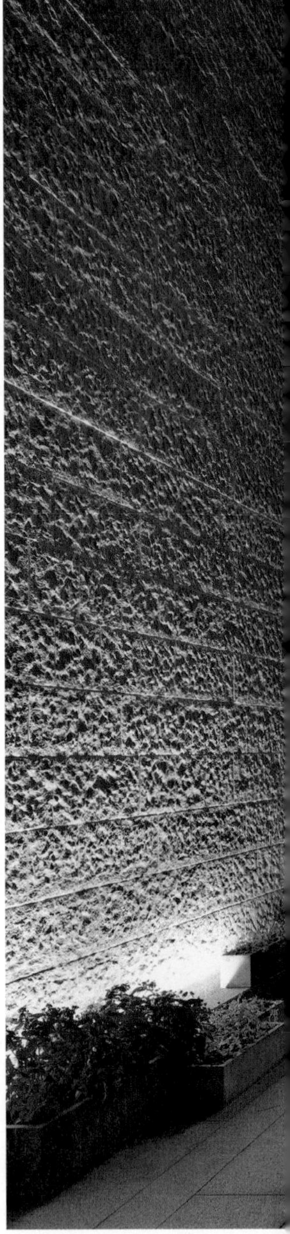

4 | 5

4. 절개지 위에 남겨진 단독주택지 5. 2층 마당. 상식적인 마당 조경을 거부하고 중정용 소나무와 단풍나무를 심어 오브제화한 구성 또한 둘이서 쉽게 합의한 내용이다.

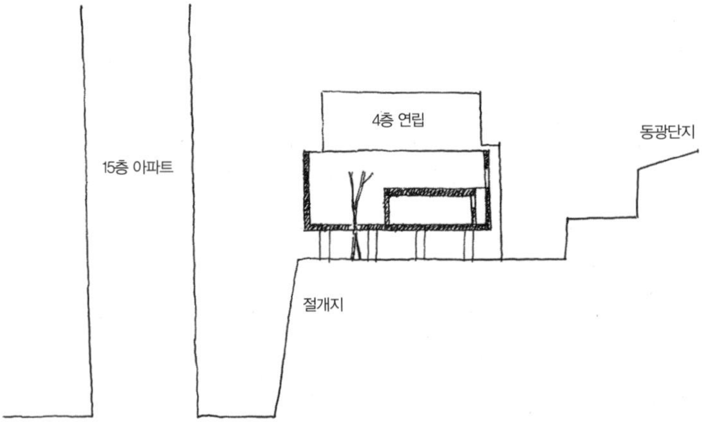

© 윤준환

80

© 윤준환

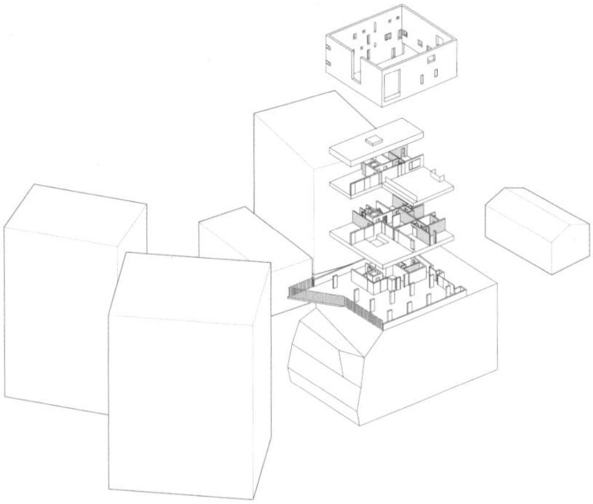

6 | 7

6. 길에서 보이는 하얀 돌담과 무표정한 백색 상자형의 집은 마치 갤러리 같은 모습이다. 7. 필로티로 들어 올려진 2개 층 높이의 백색 박스

계도면을 확정하였다. 이거였다.

길에서 보이는 하얀 돌담과 무표정한 백색 상자형의 집은 마치 갤러리 같은 모습이다. 서래마을에 있는 풍부한 외관의 주택들과는 차별화된 풍경이다. 지붕이 없는 출입문을 들어서면 기둥으로 뻥 뚫린 필로티pilloti 공간을 마주하는 순간 남의 집이라는 의식은 사라지고 자유로운 풍경에 편안해지는 마음이 느껴진다. 그 속에 조그만 로비 같은 1층 현관은 품격이 있고 마주한 계단으로 오르면 미닫이 칸막이 앞으로 마치 회의실 같은 모습의 식당이 있다.

이 집의 중심은 거실이 아니라 식당이다. 안주인은 하루 중 가장 많은 시간을 식탁에서 책을 읽으며 보내며, 이곳에서 손님맞이도 이루어진다. 3층의 커다란 중정은 남쪽 아파트의 그늘에도 불구하고 따듯한 빛을 담는다. 2층 높이의 백색 상자는 남측의 아파트와 서측의 4층 빌라로부터

© 윤준환

의 부담스러운 시선을 막으면서 1층은 필로티로 들어 올려 그들과 대응한다. 1층은 홀과 창고 등 최소한의 공간으로만 구성되고 대부분은 주차장과 데크로 비워져 있다. 이곳에 상식적인 마당 조경을 거부하고 중정용 소나무와 단풍나무를 심어 오브제화한 구성 또한 둘이서 쉽게 합의한 내용이다.

마치 초기의 모더니즘 건축을 맞닥뜨린 것처럼 외관에서 느꼈던 심플함이 집 안 곳곳에 배어 있다. 최소한의 구조체 외에는 가변성 있는 경골 목구조를 사용했다. 벽체나 천장의 마감 또한 일반적인 벽지 마감이 아닌 친환경 페인트 마감이어서 새삼 건축주와 맞아떨어진 건축가의 차분한 취향을 발견하게 된다. 군더더기를 배제한 민낯의 공간들은 살아갈 사람들의 눈길과 손길에 따라 세월을 채울 수 있게 될 것이다. 집이 완성되어 살게 되면서 밖에 외출했다가도 빨리 집으로 돌아오고 싶었다는 건축주, 가족

8

8. 3층 앞마당과 벽에 뚫린 창

들과 같이 가기로 한 해외여행도 마다하고 혼자 남아서 이 집의 풍취를 즐겼다는 집 주인…. 정말 르네상스 시절의 레전드인 메디치 가문과 미켈란젤로의 이야기 같은 만남이 방배동에서도 이루어졌다.

요즈음 단독주택이 살아나고 있다. 개성을 존중하는 30~40대 부부들은 일찌감치 식상한 아파트를 거부하고 이곳저곳 살고 싶은 동네를 찾아 자기 집 짓기에 나서고 있다. 마침 일부 의식 있는 건축가들은 공동 홍보를 통해 좋은 건축주들과의 만남을 모색하고 있다. 이러한 자발적인 움직임들은 매우 바람직하고 향후 우리나라 집의 미래도 기대해볼 수 있다. 이들을 위해서는 도시 내 좋은 동네, 좋은 땅의 공급이 필수적이다.

멀쩡한 단독주택지들을 노후 주거지라고 선을 그어서 아파트를 지을 수 있다고 부추기고 이웃 간의 갈등마저 야기한 잘못된 도시 행정은 멈춰져야 한다. 고요한 단독주택지 속에 뻴쭘하게 솟아 있는 아파트의 풍경은 이제 더 이상 보지 않았으면 좋겠다.

20130310

최신의 집

미래의 집

트리 하우스

셰어하우스

이동식 주택

리빙 아키텍쳐

플로팅 하우스

엑스포 주택,
도요타의 눈물

미래의 집

미래의 집은 어떤 모습일까?

1990년작 영화 〈토탈 리콜〉의 첫 장면은 2084년의 미래 주택이다. 숲속의 집처럼 보이지만 창문 너머 바깥 풍경은 하나의 디스플레이 화면이다. 날씨 변화도 보여주고, TV가 대형 동영상 전화기가 되기도 한다. 가상현실의 세계를 앞장서 제시한 영화로 많은 SF영화들의 전범이 됐다. 2054년의 워싱턴을 배경으로 한 톰 크루즈 주연의 〈마이너리티 리포트〉(2002)에서는 집 안에 있는 여러 개 투명 평판 디스플레이가 손동작과 안구 인식 등으로 작동되는 장면이 돋보였다. 복제인간을 그린 영화 〈아일랜드〉(2005) 속 미래 주거공간에서는 침실에서 수면 상태를, 변기에서는 소변을 분석해 일일 건강 상태를 알려준다. 그날의 식단도 건강 상태에 맞춰 조절된다. 이처럼 영화나 만화, 소설 등 공상과학 세계에서 미래의 집은 상상 속의 작업이다. 현실적으로는 미래의 집에 대한 추구가 일반적이지는 않다.

21세기를 맞으며 각국은 뉴 밀레니엄 시대를 선점하기 위한 다양한 프로젝트를 준비했다. 미래의 집 연구 또한 경쟁적으로 이어졌다. 미국 MIT에서는 1995년 『*Being Digital*』을 쓴 니콜라스 네그로폰테가 미디어랩media lab을 출범시켰다. 이곳에서 하버드 의대와 미국노인협회AARP 및 여러 산업체의 참여 아래 2004년 7월 39평 크기 아파트 형식의 실험공간인 플레이스 랩Place lab을 건설했다. 7개의 미래 환경 영역을 설정하고, 초고령 사회 진입에 대비하는 연구 및 개발사업을 대대적으로 추진했다.

조지아테크에서 2002년 세운 어웨어 홈Aware Home이나 스웨덴 왕립기술과학대학이 주축이 된 커뮤니케이션 홈com. Home, 벨기에의 리빙 투머로우Living tomorrow 등도 21세기 미래의 집을 선점하기 위해 맹진 중이다. 이들의 공동 목표는 크게 두 가지다. 첫째는 IT기술의 결과물인 사이버 공간의 확장이다. 물리적 공간 외에 가상현실이 더해지는 상황에 따른 변화 연구가 필수적이 됐다. 유비쿼터스 공간의 탄생이다. 둘째는 기후재난과 탄소저감에 대한 세계적 공감대가 형성됨에 따라 지속가능성의 탐구다. 녹색성장으로 함축되는 친환경 에너지 자급형 주거 형태 연구개발이 여기에 해당한다 하겠다. 이런 흐름 속에서 일본의 '파피 홈PAPI Dream Home'이 탄생했다. PAPI는 'Pal사이가 좋다'과 'Pizzazz활기 있다'의 합성어다. 도쿄대 사카무라 겐 교수팀은 유비쿼터스 컴퓨팅이 가능한 주거공간의 실현을 목표로 1989년 트론TRON·The Real-time Operating Nucleus 하우스를 건립했다. 여러 차례 실험과 개축을 통해 기술을 축적하던 중, 2005년 아이치 엑스포를 준비하던 도요타사의 지원으로 PAPI를 선보이게 됐다.

일본에는 우리나라 영·호남처럼 관동간토·도쿄 중심 지역과 관서간사이·오사카 중심 지역 지방이 있다. 이 두 지방의 대립 또한 역사가 있다. 두 지역을 구분하는 중부 지역에 동해도카이·나고야 중심 지역 지방이 있고, 그곳에 나고야시와 도요타시를 포함한 아이치현이 있다.

아이치 엑스포는 이런 배경 아래 21세기를 여는 일본의 '희망 프로젝트'였다. 국가적으로는 일본의 재기, 지역적으로는 관동·관서의 지역 갈등을 해소하는 국토개발, 산

1. 드림하우스 'PAPI'. 2005년 아이치현 만국박람회를 위해 도요타홈이 만든 스마트하우스다. 2. 침실. 조명과 채광, BGM까지 잠들 때부터 깰 때까지 쾌적한 수면을 위한 최적의 조건을 지원한다. 3. 테이블과 일체화된 주방. 인텔리전트 수납을 통해 수납물 정보가 컴퓨터로 파악, 관리된다.

업적으로는 렉서스를 앞세운 도요타의 미래 등 어쩌면 완벽한 시나리오의 행사였다. 행사의 주역은 당연히 도요타였고, 도쿄대 사카무라 교수의 트론하우스 또한 준비된 작품이었다.

미래주택 PAPI 홈은 아이치 엑스포장의 도요타 자동차박물관 옆 조용한 언덕 위에 있었다. 사카무라 교수팀이 PAPI를 통해 다음과 같은 내용을 추구했다.

① 식물의 광합성을 모방해 개발한 외벽 에너지 시스템
② 유비쿼터스 커뮤니케이터에 의한 네트워크 인식 및 최적 제어 방식
③ 자동차와 집이 같은 시스템하에서 에너지나 정보들을 주고받을 수 있는 기술
④ 가족 구성원의 스타일이나 동작 인식들을 통한 자동 보안 시스템
⑤ 사람의 건강 상태와 심리 상태가 연계돼 작동하는 홈시어터
⑥ 인텔리전트 수납공간과 일체화된 부엌·식탁 시스템
⑦ 생체 정보센서를 활용한 기상조절기능 등 수면의 질을 보장하는 쾌적 수면 침실

이런 요소 기술들을 계속 이 집에서 실험하고 연구개발하고자 했다. PAPI 홈은 외피 해결과 옥외 공간까지 연계해 각종 미래주택 연구 중 가장 집과 가까운 형상을 갖춘 솔루션이었다. 더 나아가 도요타 홈의 시미즈 뎃타清水哲太 회장은 주택산업의 미래에 대한 포부도 발표했다. 즉 지금까지의 현장생산 방식을 자동차처럼 공장생산 방식으로 전환시켜 품질 100% 보장, 크레임 없는 시공 및 비용 대비 효과를 2배로 하는 주택생산 방식의 전면적 전환을 주창한 것이다. 미래주택 생산의 세계 제패를 위한 속내도 드러낸 행사였다. 이렇게 아이치 엑스포는 70년 오사카, 85년 쓰쿠바 이후 일본 내 세 번째 엑스포로서 21세기 재기를 꿈꾼 잔치였다. 그러나 이 행사 이후에도 일본의 '잃어버린 10년'은 계속됐다. 대규모 리콜 사태로 도요타의 눈물도 이어졌다. 나고야의 중부지방 중흥론도 미뤄졌다. 최근 도요타 홈에 문의한 결과 "PAPI 홈은 2008년 문을 닫았고, 현재로서는 보여줄 수 없다"는 답변이 돌아왔다. 단순히 진보한 기술의

4 | 5

4. 연면적 633㎡, 철골 유니트+일부 중량철골 스테인리스 스틸 구조 5. 거실. 기상시간 1시간 전부터 천천히 커튼이 열리며 아침을 깨운다.

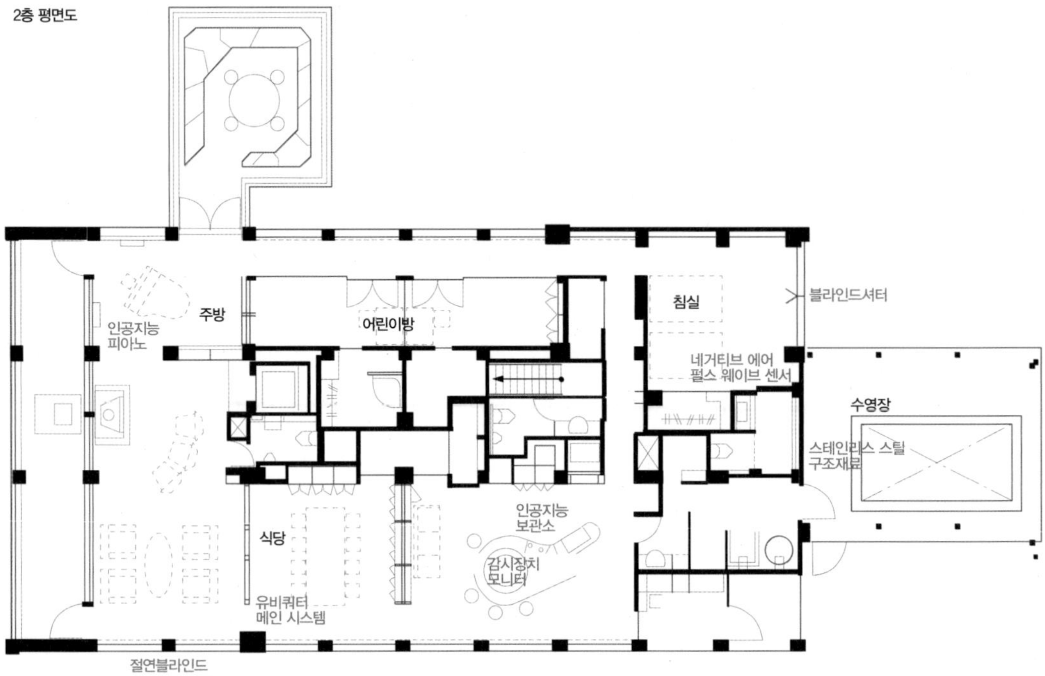
2층 평면도
주방
어린이방
침실
블라인드셔터
인공지능
피아노
네거티브 에어
펄스 웨이브 센서
수영장
스테인리스 스틸
구조재료
인공지능
보관소
식당
감시장치
모니터
유비쿼터
메인 시스템
절연블라인드

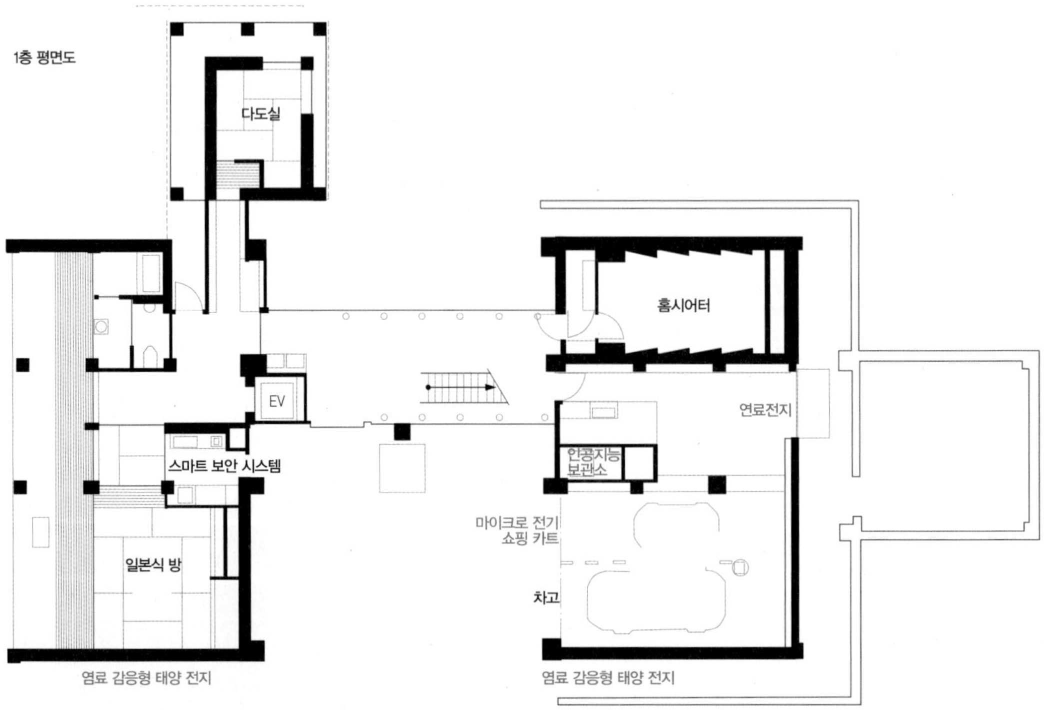
1층 평면도
다도실
홈시어터
EV
연료전지
인공지능
보관소
스마트 보안 시스템
마이크로 전기
쇼핑 카트
일본식 방
차고
염료 감응형 태양 전지
염료 감응형 태양 전지

조합만으로는 새로움을 만들 수 없다. PAPI 홈의 요소 기술들이나 도요타의 개성 없는 조립식 생산체계로는 새로운 시대에 걸맞은 집의 가치를 창출하지 못한다. 궁극적으로 인간에게 필요한 미래의 집은 새로운 기술력과 자재의 총화 속에서 개인의 삶이 가치지향적으로 융합해 건축될 때 창조되는 것이다. 근대 조형의 중심이 된 바우하우스의 시대정신이나 애플사의 모토처럼 새로운 시대를 여는 가치가 구현되고 창조적 디자인으로 만들어질 때 비로소 이루어지는 것이다.

2012년 여수에서는 엑스포가 진행되었다. 그런데 국가적으로, 지역적으로, 또 산업적으로 우리는 무슨 전략을 구상하였나. 서양 문명의 축제 장소로서의 엑스포를 150년 만에 동아시아에서 구현하면서 일본, 중국, 한국은 과연 무엇을 준비하였는가. 얼마 전 다녀온 여수 밤바다에서 한류 스타의 노래는 들려오는데, 한국이 선택한 미래의 집 '엑스포 타운'은 오동도를 내려다보는 고층 아파트였다. 그것도 LH공사에서 턴키 발주한 '작품'이라니. 파리의 발레리 줄레조가 『아파트 공화국』을 쓸 때는 그래도 한국의 미래에 대한 기대가 있었을 텐데…. 20120610

6 | 7 8

6. 드림하우스 'PAPI'의 평면도
7. 주차장. 정전 시에는 하이브리드 자동차로부터 전원을 공급받을 수 있다. 8. 화장실

나무 위 유토피아

트리 하우스

© Paul Tahon and R&E Bouroullec

힐링, 치유의 시대다

인류의 문명은 고도로 찬란해지는데, 개인의 몸과 마음은 저마다 상처가 있나 보다. 요가나 명상, 심리학이나 정신과 치료, 나아가 템플스테이 등 조용히 치유하던 시절과 달리 책에서도, 학교에서도, TV 등 미디어에서도 이제는 상업화된 힐링이 유행이다. 선남선녀가 아닌 일류 스타나 대통령 후보까지도 힐링 캠프에 나와 자기 문제에 집중하고 있다. 잔디 깔린 뜨락이나 푸른 숲속, 시원한 물가 등 도시에서 벗어나 자연과 더불어 내 몸을 치유하는 행사에 너도나도 뛰어들고 있다.

'즐거운 곳에서는 날 오라 하여도 내 쉴 곳은 작은 집 내 집뿐이리'

서부개척과 산업화로 경제발전에 여념이 없던 1823년 미국에서 오페라 〈클라리, 밀라노의 아가씨〉의 노래 중 'Home! Sweet Home!'의 가사다. 즐거웠던 힐링 캠프도 해가 지고 조명이 꺼지면 막 내린 무대처럼 혼자가 된다. 돌아오는 길에 그저 '내 쉴 곳은 작은 집' 그 집밖에는 없다.

최근 숲으로의 행렬 중에 '트리 하우스Tree House'가 치유의 공간으로 떠오르고 있다. 트리 하우스란 나무 위에 지어진 작은 집을 말한다. 어린 시절 큰 나무를 만나면 오르고 싶어진다. 여러 번 달라붙어 오르게 되면 그렇게 좋을 수가 없다. 자유롭다. 모든 사물들이, 심지어 아버지까지 작아 보인다. 두근거린다. 내 앞으로 나만의 풍경이 펼쳐진다. 가만히 앉아 있어 보면 비밀스

1

1. 트리 하우스 전문 건축가 안드레아 베닝이 설계한 독일 북부 멜레에 있는 '매그놀리아 앤 파인Magnolia and Pine'

© Paul Tahon and R&E Bouroullec

러운 나만의 시간이 생겨난다. 프랑스의 철학자 미셸 푸코는 이런 장소를 유토피아와 비교되는 '헤테로토피아Heterotopias'라 명명했고, 에세이 『*of other spaces*』에서 정원이나 영화관, 박물관, 도서관 및 유원지 등을 현실 속 대안적 이상향의 장소로 기술했다.

나무 안 다치게 작고 간단하게

트리 하우스의 역사는 다양하다. 현재까지도 파푸아뉴기니의 코로와이족은 생존형 트리 하우스에서 원시적 삶을 살고 있다. 고대 로마시대 악명 높은 칼리귤라 황제는 연회를 위해 거대한 트리 하우스를 사용했다는 기록이 남아 있다Pliny, the Elder's Natural History.

2 | 3

2. 안드레아 베닝이 설계한 트리 하우스 'Plendelhof' 3. '매그놀리아 앤 파인'의 테라스

© Paul Tahon and R&E Bouroullec

© Paul Tahon and R&E Bouroullec

르네상스 시대 메디치가의 트리 하우스는 그림으로, 낭만주의 시대 로빈슨 표류기에서는 소설로, 홍차왕 립톤이 남긴 사진에도, 20세기 들어 최고의 흥행 영화 〈타잔〉의 집이나 〈아바타〉의 나무마을까지 꾸준히 사랑받는 장소로 남아 있다.

트리 하우스를 현대화시키고 건축가의 영역으로 끌어들인 독일의 건축가 안드레아 베닝Andreas Wenning은 사람과 나무의 '조화'를 최우선으로 삼았다. 트리 하우스는 일단 '건강한 나무'에 의존해야 한다. 나무의 둥지 및 가지가 그 위에 올라가는 집의 무게를 견뎌내야 한다. 땅 위에 세우는 일반 건축물과 달리 구조적 안정성이 중요하다. 살아 있는 수목을 지주로 사용하므로 호스트 트리Host Tree에 대한 사전 검토나 세운 후의 점검은 필히 전문가에게 의뢰해야 한다. 또한 나무는 살아가는 유기체이기에 집이 나무의 성장을 방해해서는 안 된다.

4

4. 홍콩 디즈니랜드에 있는 타잔의 트리 하우스

미국 오리건주에서 매년 개최되는 세계적 트리 하우스 모임인 WTCWorld Tree-house Conference에서는 구체적인 구조나 공법에 대한 연구나 실험이 활발하다. 초기에는 양쪽에서 조이는 샌드위치 공법이 사용됐다. 하지만 이는 나무의 성장을 저해하는 것으로 판명돼 이후로는 특수한 볼트를 나무에 박는 GL공법이 일반화되었다. 하지만 이 또한 나무에 생채기를 내는 방법이기에 안드레아 베닝은 인장력이 강한 특수 천으로 된 고리를 매다는 방식을 사용하고 있다. 마치 해먹이나 멜빵 같은 원리로서 '나무와의 완전 공존'을 실현하고 있다.

트리 하우스를 지을 때에는 '최소한의 법칙'이 필요하다. 최소한의 구조, 최소한의 재료 등 새가 나무에 둥지를 짓는 것처럼 사람에게 필요한 만큼의 최소 공간으로 구성

© Paul Tahon and R&E Bouroullec

© Paul Tahon and R&E Bouroullec

해야 한다. 내부 역시 군더더기를 줄이고 최소한으로 실내 마감을 해야 한다. 이렇게 덜어내고 비워내는 과정 속에 자기 자신에 대한 몸과 마음의 치유도 병행되는 것이 아닐까.

이렇듯 사람과 나무의 조화를 원칙으로 2003년부터 시작된 트리 하우스가 독일 외에 미국이나 브라질 등 많은 나라에서 각광받고 있다. 2007년 독일 멜레Melle의 한 저택의 숲에 지어진 트리 하우스는 널찍한 테라스를 별도의 지주로 세워 또 다른 스타일을 선보이고 있다. 필요한 공간을 확보하기 위해 나무에만 의존하지 않고 부분적인 지주 구조를 결합할 경우 훌륭한 작품이 가능해진다.

이른 아침에 잠에서 깨어 기지개를 켜고 심호흡을 할 때 나는 어디 있는가. 이런 느낌들이 치유의 공감을 이룰 때 숲은 새로운 힐링 캠프가 된다. 이 작가는 현재 미국 플로리다 숲속에 힐링을 위한 시니어 콘도미니엄을 새로 주문받아 열심히 작업 중이라고 한다.

5 | 6

5~6. '매그놀리아 앤 파인'의 테라스

힐링 위한 생활형 숲 체험 공간

한국은 자랑할 만한 숲의 나라다. 삼림 면적 비율이 국토 면적의 70%로 핀란드나 스

© John Puglisi

© Paul Tahon and R&E Bouroullec

7. 만화영화 〈타잔〉의 트리 하우스 스케치 8. '매그놀리아 앤 파인' 내부 9~11. 나무의 성장을 저해하지 않는 방법으로 인장력이 강한 측수 천으로 고리를 매다는 방식을 사용하고 있다. 해먹이나 멜빵 같은 원리로서 나무와의 완전 공존을 실현하고 있다.

웨덴같이 삼림이 풍부한 나라다. 벌거숭이 민둥산을 경제발전만큼이나 빠른 속도로 울창하게 조성했다. 양적으로는 풍부해진 이제는 나무를 사랑하고 숲 가꾸기를 실천할 수 있는 일상생활 속의 삼림문화가 필요하다. 현대인들은 상대적으로 적은 도시 면적 속에서 밀도가 높은 삶을 살아가면서 경제적 풍요로움은 얻었으나 심신의 여유로움은 많이 잃어버렸다.

트리 하우스는 어린 시절의 판타지나 일상으로부터의 탈출, 건강한 숲에서의 치유 등 궁극적인 자연으로의 회귀가 주는 청량함으로 다시금 어른들의 로망이 되고 있다. 자연과의 조화를 중요시한 한국 건축의 전통을 이어가면서 우리의 삼림을 진정한 힐링 캠프로 만들고 싶다. 20120916

© Paul Tahon and R&E Bouroullec

© Paul Tahon and R&E Bouroullec

© Paul Tahon and R&E Bouroullec

1인 가구 시대,
작지만 커다란 집

셰어 하우스

12월 세밑이면 추워지는 날씨만큼이나 따뜻한 나눔이 소중해진다. 소유의 시대에서 나눔이라는 것은 가진 것의 차이에서 비롯되는 것으로 알고 있다. 제러미 리프킨은 저서 『3차 산업혁명』에서 인류역사에 더 오래된 소유권으로서 '공동 소유물에 대한 접근권'을 강조한다. 즉, 배를 이용해 강을 이동하고, 숲에서 식량을 찾고, 시골길을 걷고, 가까운 냇가에서 물고기를 잡고, 공공광장에서 회합을 갖는 권리 같은 것 말이다. 사유재산형 수직적 자본주의와는 달리 다가오는 분산형, 협업형 자본주의 시대에는 공유sharing의 가치가 소유권의 경계를 넘어설 것이라 예견하고 있다. 일찍이 오픈소스형의 리눅스 사례나 위키피디아, 구글의 예는 유명하고 최근에 자전거나 카셰어링 등 리스, 렌탈, 타임셰어형 공유에 이르기까지 광범위하게 확산되고 있다.

셰어하우스 또는 코하우징co-housing은 사회주의가 발달한 유럽에서 시작되었다. 오스트리아 비엔나 서부도심에 위치한 자륵파브릭Sargfabrik은 가장 손꼽히는 사례이다. 서민용 시영아파트Sozialbau이지만 지어서 주는 형식이 아니고 입주자들이 만들어가는 밑에서부터의Bottom-up 과정을 갖는 공유주택이다. 1996년에 입주한 첫 번째 단지의 경우에는 입주민들이 7년 동안 건축가와 함께 집의 위치와 형태, 공용공간의 내용, 개별집들의 모양 및 공동규약까지 토론해가면서 결정해 나가는 과정이었다. 통합주거조합Association for Integrative lifestyle이라는 입주민단체가 건축주, 토지주, 운영자, 임대

1 | 2

1. 오스트리아 비엔나에 있는 셰어하우스 '자륵파브릭' 전경. 기존의 건물을 그대로 활용해 공동주거를 지었다. 2. 왼쪽이 자륵파브릭, 오른쪽이 2호 공동주거인 '미스 자륵파브릭'이다.

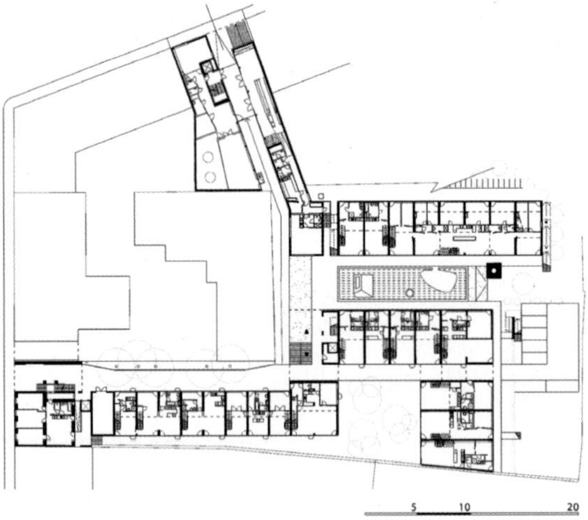

자의 다중역할을 수행하면서 30년 동안 장기저금리로 갚아나가는 방식의 주거복지 정책이다. 시정부가 '서민들도 호화로운 주거환경에서 살 수 있다'는 목표를 가지고, 110세대 200여 명 입주민으로선 과분해 보이는 식당·카페·공연장 및 유치원과 청소년용 클럽, 수영장과 사우나 시설, 옥상공원 등 다양한 공유 환경을 제공하고 있다. 특히 본게마인샤프트라는 사회 공동체 정책에 따라 모든 연령층에 걸친 입주자 배분으로 소셜믹스Social Mix로도 성공하여 오토와그너 도시계획상을 수상하였다.

1호의 성공에 이어 1998년부터 시작된 2호 미스 자륵파브릭Miss Sargfabrik은 좀 더 준비된 형식으로 진행되었다. 40세대 입주를 대상으로 30~50세대의 잠재적 입주자들의 적극적 참여로 이루어졌다. 처음부터 사는 곳과 일하는 곳을 결합하면서 경제적으로 부담 가능한 대안적 주거를 기본 목표로 정하고 건축가와 같이 설계하였다.

첫째로, 각자의 개인적 요구조건을 점검하고 같이 공유할 조건들을 면밀히 설정하였다. 둘째로, 도심의 비싼 땅값을 고려하여 밀도를 높이고 대지면적에 걸맞은 공유 공간을 기획하여 유지관리의 경제성도 확보하였다. 셋째로, 20년 이상 각 입주민들 라이프 사이클의 변화에도 대응할 수 있는지를 점검하였다.

3

4

3. '자륵파브릭' 1층 평면도 4.
'자륵파브릭' 입구 정면

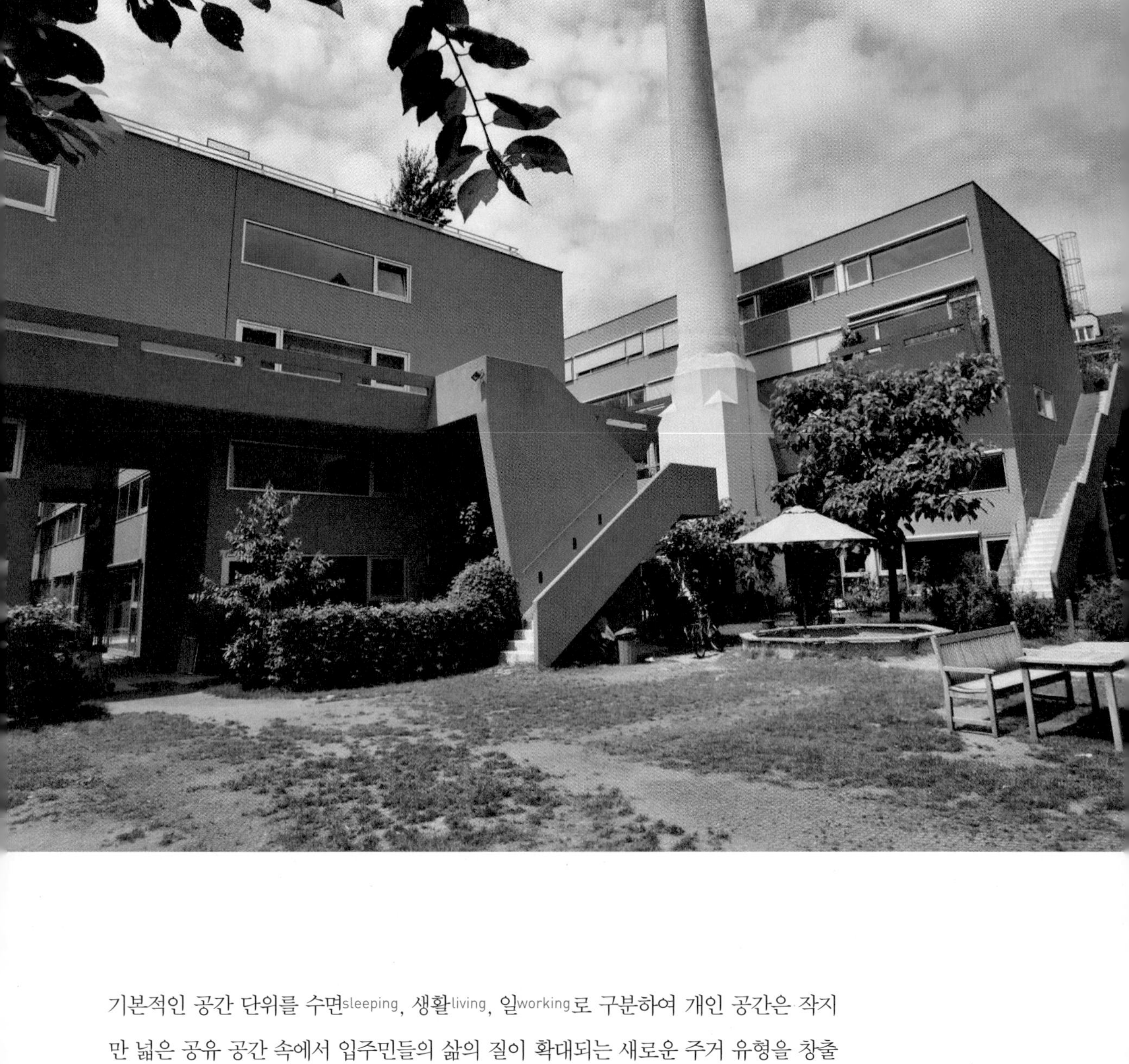

기본적인 공간 단위를 수면sleeping, 생활living, 일working로 구분하여 개인 공간은 작지만 넓은 공유 공간 속에서 입주민들의 삶의 질이 확대되는 새로운 주거 유형을 창출하고 있다.

유럽은 핵가족 시대를 지나 일찍이 가족해체를 경험하고 있다. 대부분 1, 2인 가구비율이 70%에 이르고 스웨덴의 경우 1인 가구만 50%에 육박한다. 프랑크 쉬르마허는 저서 『가족 부활이냐 몰락이냐』에서 공동체를 가장 깊은 내면에서 결속시키는 일은 시장이나 국가가 할 수 없음을 깨닫는 게 급선무다라면서 가족해체에 따른 이타심이나 희생, 협동정신의 실종에 경고를 보내고 있다. 우리나라의 경우에도 최근 1, 2인 가구가 급증하면서 여기저기서 가족해체의 속도 또한 빨라지고 있다.

따로 또 같이, 작지만 큰 집

마포구 성미산 마을에 또 하나의 작은 싹이 움트고 있다. 이른바 (주)소행주소통이 있어서 행복한 주택 만들기가 진행하고 있는 한국형 셰어하우스이다. 소행주 1호는 성미산 주민들이 발의하여 2~3년간 공론화를 거치다가 2009년 설문조사에 응한 주민 60여 명을 대상으로 입주민을 모집하여, 적극적으로 나선 9가구를 중심으로 땅을 마련 2010년 착공 2011년 4월 입주하였다. 이어진 소행주 2호는 2012년 7월에 12세대가 입주하였고, 2013년 10월 소행주 3호가 준공되었다. 1994년 '우리어린이집'이라는 공동육아를 중심으로 시작한 성미산 마을공동체는 마을살이에 관련 있는 가게, 밥집들과 두레생협, 동네극장, 동네학교, 성미산 지키기 등으로도 유명하다. 이런 바탕 속에서 내 집 마련

5 | 6

5. '자륵파브릭'의 중정, 때때로 이곳에서 야외파티가 열리곤 한다. 6. '자륵파브릭'의 중정에서 바라본 테라스

© 최순영

의 꿈을 투자 수단으로서의 집이 아닌 사는 공간 더하기 공유의 가치를 중심으로 새롭게 구성하는 실험이 시작되고 있다.

"삶, 쉼, 놀이, 나눔으로의 초대"

소행주가 지향하는 새로운 주거운동의 슬로건이다.

통계청 '장래가구추계, 2010~2035'에 따르면 2035년 가구당 인구 수 2.17명, 1.2인 가구수 68.3%로 예측된다. 이러한 추세라면 핵가족 중심의 1가구 1주택, 주택 보급률 100% 이상의 맹목적 주택 정책은 재고되어야 한다. 소유의 시대를 지나 거주(임대)의 시대로, 핵가족 중심에서 공동체 중심으로, 사유의 이기적 구조에서 공유의 협업적 구조로 주거복지의 새로운 패러다임 정립이 시급하다. 20121209

© 최순영

© 최순영

7 | 10
8 9 | 11

7. 소행주 1호에서 바라본 소행주 2호와 성미산 8. 소행주 1호 9. 소행주 1호 되살림마당 10~11. 소행주 2호

삶의 패턴에 맞춰 진화하는 공간

이동식 주택

© 최순영

© 최순영

1층은 들어 올려진 필로티 구조로 주차장으로 사용되고 전면에 있는 옥외계단을 오르면 가운데 복도로 된 한층 6세대 원룸형 주택이 3개 층으로 구성되어 있다. 인테리어는 공장에서 부품형으로 조립되었기 때문에 거친 면 없이 산뜻하게 마감되어 있어 젊은 사용자들의 취향에 맞으며, 특징적인 박스 형태의 블랙 앤 화이트 투톤의 외관은 주변 주택가 풍경과는 차별화된 새로운 미래형 분위기를 연출하고 있다.

포스코A&C가 제작한 모듈러 하우징 브랜드 뮤토MUTO의 탄생이다. 뮤토는 Modular Utopia의 줄임말이자 라틴어로는 '진화, 변화'를 뜻한다. 30여 년간 포스코가 생산한 강재를 사용해 조립식 주택을 지어온 경험을 바탕으로 새로운 이동식 모듈러 주택 사업을 출범시켰다. 작년에 준공한 천안 공장에서는 연간 3,600개 이상의 모듈을 제작할 수 있다. 국내 시장이 불황인 상태에서도 기술과 경제성을 알아보는 해외에서의 주문이 잇따르고 있다. 2009년 G20정상회의 때 한국에 온 러시아 메드베데프 대통령과의 MOU에 따라 2011년 계약된 사하공화국 엘가 탄전 지대의 근로자 숙소는 1단

1 | 2

1~2. 강남의 평범한 주택가 가운데 자리잡은 모듈형 주택

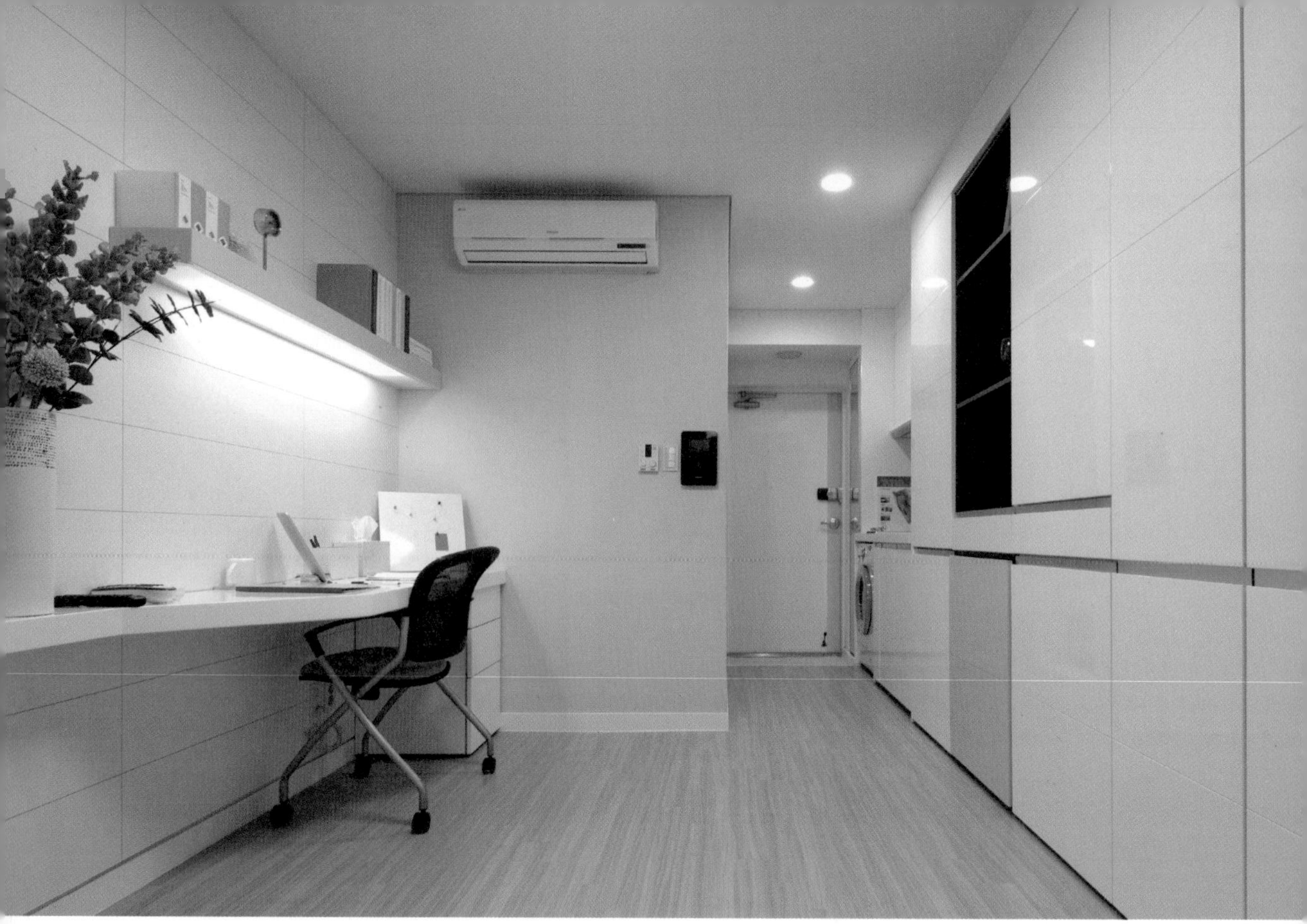

© 최순영

계 3,000명, 2단계 1500명의 총면적 72,000평방미터 물량이 공급되었으며, 2012년 7월에 계약한 호주의 로이힐 광산 근로자 숙소는 전체 247동 980세대용 모듈이 현지에 공급 완료되었다. 주택사업에 있어서는 꽤 까다로운 국내 규정에 따라 2012년 말 국토부로부터 각종 거주 성능 시험을 통과해 공업화 주택으로 승인 받았다. LH공사는 공공임대주택용으로 천안 공장 내에 실험 동mock up을 제작해 각종 주거 성능들을 면밀하게 시험 평가 중에 있다. 공장에서 80% 이상을 만들기 때문에 건축물의 이동과 해체, 복원에 대한 실험들도 계속적인 연구 대상이다.

이동식 주택mobile home 시장은 전 세계적으로 확산되고 있다. 5년 전 일본의 쓰나미 사태가 났을 때 수만 명의 이재민들을 위한 임시주택 문제가 심각하다는 것을 깨달은 이래로 평상시 이동식 주택의 대량 생산 체계가 각 국가마다의 현안으로 떠오르고 있다. 비단 재해재난용뿐만 아니라, 전쟁 시 주둔막사 등의 군사용에서부터 주말농장 등의 세컨드 하우스용, 관광휴양지의 레저용, 록 페스티벌이나 엑스포 같은 행사용, 광산 공장 등의 산업용, 공항이나 역사 내의 교통용, 심지어 사막이나 남극 같은 극한지용까지 일반적인 주거용도 외에도 수많은 '집 밖의 잠'을 위한 수요가 방대하게 생겨나고 있다.

이동식 건축mobile architecture은 기계 산업의 정수라 할 수 있는 자동차나 비행기 산업과 같이 부품화, 조립화에 의한 생산방식을 꿈꾸어온 오래전부터의 숙제다. 1964년 영국의 전위적 건축그룹 아키그램archigram에 의해 제안된 걸어다니는 도시, 워킹 시티Walking City는 암스트롱의 달 착륙 시대 때 품었던 미래 비전이기도 하다.

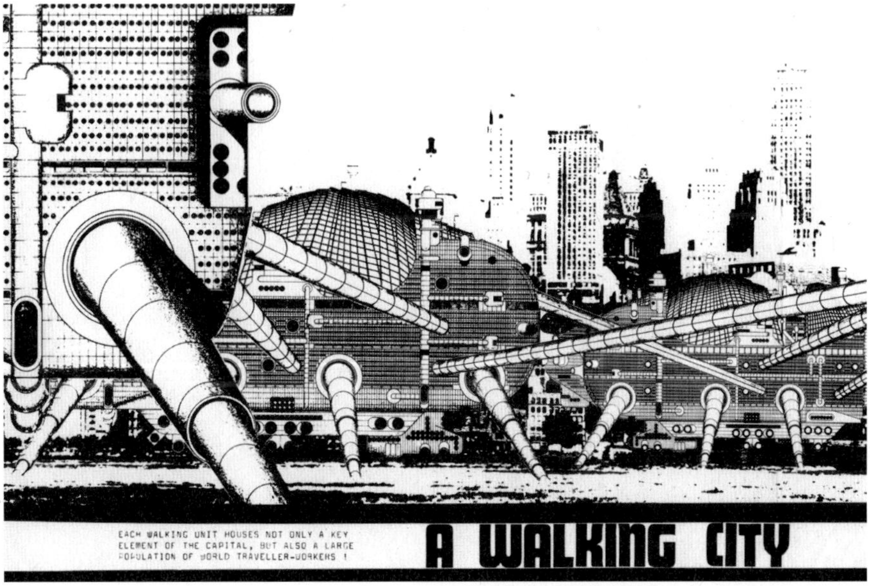

3 | 4

3. 공장에서 제작, 조립된 모듈형 주택의 내부. 혼자 사는 직장인에게 부족함 없는 구조다. 4. 1964년 영국의 전위적 건축그룹 아키그램archigram에 의해 제안된 걸어다니는 도시, 워킹 시티Walking City

© Stefan Tuchila

2008년 샤넬사에서는 샤넬 모바일 아트Channel Mobile Art를 기획해 자체 브랜드의 전시 매장 건물을 이동할 수 있는 건축물로 제작하였다. 첫 번째 도시 홍콩을 시작으로 도쿄, 뉴욕, LA, 런던, 모스크바 등 세계적인 대도시들을 거쳐 2011년부터는 파리에 있는 아랍세계연구소에 전시되고 있다. 이를 완성시킨 건축가 자하 하디드는 "현대 사회는 가만히 멈춰 있지 않는다. 끊임없이 변화한다. 공간적인 정돈과 배열은 삶의 패턴에 맞춰 진화한다"라고 설계 의도를 전한다.

청담동 뮤토는 이제 시작일 뿐이다. 단순 레고 수준에서 벗어나 자동차처럼 비행기처럼 고도의 기술집약적인 모습으로 새로운 삶의 패턴을, 새로운 잠의 집을, 새로운 움직이는 도시를 만들 수 있기를 기대해본다. 20130331

5 | 6
  | 7

5. 자하 하디드가 샤넬사 의뢰로 설계한 이동형 파빌리온 '샤넬모바일아트' 6~7. 포스코 A&C 공장. 공장 건물 또한 모듈 건축물이다.

건축가가 지은
건축에서 살아보기

리빙 아키텍처

우리에게는 물리적인 집만이 아니라
심리적인 의미의 집도 필요하다.

- 알랭 드 보통 『행복의 건축』

© Charles Hosea

1 | 2

1. Room for London 2. Room for London

이 영민한 스위스 출신 글쟁이는 타성적인 삶을 살고 있는 이들에게 집과 말해보라고 속삭인다. 게다가 '집이 말해주는' 언어를 통해 자기 자신을 밝히고 싶은, 알리고 싶은, 스스로를 일깨우고 싶은 갈망을 부추긴다. 그리고는 "잡지에 나온 집, 너무 비싸서 도저히 손에 넣을 수 없는 집에서 사는 상상을 하다가 이내 슬픔을 느끼곤 한다. 혼잡한 거리에서 매우 매혹적인 낯선 사람을 지나칠 때처럼 말이다"라고 자기 이야기처럼 딱 끊어서 맺는다. 한때 건축에 지독히 빠져서 글도 쓰고 책도 펴내고 강연도 하더니, 이젠 아예 집을 짓고 있다.

2012년 런던은 올림픽을 중심으로 한참 들썩였다. 2012런던페스티벌과 연계하여 문화 단체 아트에인절Artangel이 후원하는 이색적인 집짓기도 한몫을 했다. 템즈 강변 워터루 브리지 옆 퀸엘리자베스 홀 건물 꼭대기에 이상한 배 한 척이 얹혀졌다. 조금 떨어진 런던아이와 함께 템즈 강변의 명소가 된 이 집 이름은 'A Room for London'이

© Living Architecture

다. 국제 공모 500 대 1의 경쟁 속에서 뽑힌 이 집은 작가 죠셉 콘라드의 '어둠의 심장 The Heart of Darkness'에 등장하는 템즈 강변의 리버보우트riverboat를 형상화한 것이다 (데이비드 콘 건축사무소와 피오나 베너의 작품). 대항해시대의 맹주가 되었던 '지지 않는 해' 대영제국의 영광과 그 시대 식민지 경영에 대한 뼈저린 반성이 교차하는 원작의 무게 덕분에 올림픽 개최지로서의 문화적 면모에 큰 의미를 더하고 있다.

더구나 템즈 강변의 '지는 해'를 마주하기에 적합한 장소인 이곳에서 그날의 항해일지(숙박일기를 쓰도록 하고 있음)를 기록하면서 보내는 하룻밤은 영국인에게 매우 환상적이다. 최근에는 다양한 프로그램을 더하여 음악인을 위한 Sounds from a Room, 작가들을 위한 A London Address, 미술인들을 위한 Hearts of Darkness, 시민들의 아이디어를 위한 Ideas for London 등의 네 가지 섹션으로 구분 운영하고 있으며, 이들이 펼치는 공연이나 퍼포먼스가 웹사이트를 통해 생중계되고 바깥의 템즈 강변 대형 스크린에서 실시간 감상할 수도 있다.

이러한 까닭에 매 분기 추첨을 통하여 주어지는 일일 숙박권(2인 300파운드)은 신혼부부와 예술가들 사이에서 폭발적인 인기를 얻어 현재에도 수만 명의 대기자가 기다리고 있다. 2012년 한시적으로 운영하려던 계획도 바뀌어 이곳 주인인 사우스뱅크 센터와의 합의에 의해 당분간 계속 연장 사용하기로 되어 있다.

이 집의 주인은 리빙 아키텍처www.living-architecture.co.uk라는 비영리 사회적 기업이다. 알랭 드 보통이 설립했으며, 현재는 크리에이티브 디렉터로 근무한다. 이 단체가 하는 일은 말 그대로 '건축가가 지은 건축에서 살아보기'다. 서양에서는 건축Architecture과 건물Building의 개념이 달라 작가가 지은 집과 일반적인 집을 구분하고 있다. 홈페이지에는 "건축가가 지은 주택에서 직접 자고 식사하면서 어떤 곳에서 살아야 하는지 비전을 제시하겠다"고 한다.

2010년 10월 완공된 제1호점 '균형 잡은 헛간Balancing Barn'은 정말 창조적이다. 영국 시골의 완만한 구릉지형 위에 반은 땅에 나머지 반은 경사지에 떠 있는, 마치 드가의 그림처럼 발레리나가 한쪽 다리를 들어 균형 잡고 있는 모습이다. 지형을 따라 가로로 앉혀야 할 긴 직사각형의 집을 역으로 세로로 뒤집어 놓은 꼴이다. 유럽 마을에서는 흔하게 볼 수 있는 헛간을 네덜란드의 친구건축그룹 MVRDV가 '선물Gift'한다는 설계 의

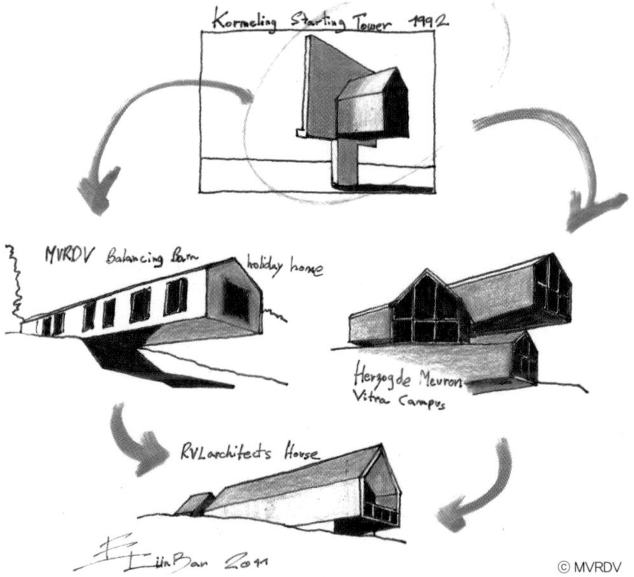

© MVRDV

3 | 4

3. 작가 알랭 드 보통이 설립한 비영리 사회적 기업 리빙 아키텍처가 2010년 완공한 숙박시설 '균형 잡은 헛간', 네덜란드의 유명 건축그룹 MVRDV가 설계했다. 4. '균형 잡은 헛간'의 스케치

도는 알랭 드 보통의 설립 취지와 교묘하게 맞아 떨어진다. 현실과 꿈을 교차시키면서 휴가를 즐기려는 사람들에게 또 다른 건축을 가르치고 있다. 이 집이 위치한 서포크Suffolk 지역은 런던 동북부에서 가장 아름다운 휴양지다. 북해에 면한 바닷가 근처에 있는 이 집은 거실과 식당 주방, 욕실이 갖춰진 방 4개의 8인실 주택이다. 통째로 4박5일 사용하는 데 810파운드 약 150만 원, 1인 1박당 약 45,000원 정도이기 때문에 가족이나 친구 부부들과의 휴가 장소로서 큰 인기를 끌고 있다.

최고급 휴양지에 높은 수준의 건축가 작품인 전용 별장에서 저렴하게 휴가를 즐길 수 있다면, 덤으로 얻어지는 주최 측의 의도된 공부쯤이야 상관 있겠는가?

이와 같은 프로그램으로 지어진 리빙 아키텍처 시리즈는 아래와 같이 총 5채이고, 2014년에는 2채가 추가로 만들어졌고, 2016년 1채가 추가되었다.

The Balancing Barn 2010년 10월
Aldeburgh, Suffolk
MVRDV

The Shingle House 2010년 11월
Dungeness, Kent
NORD Architecture

The Dune House 2010년 12월
Thorpeness, Suffolk
Jarmund/Vigsnæs Architects

The Long House 2011년 10월
Cockthorpe, Norfolk
Hopkins Architects

A Room for London 2012년 8월
South Bank Center, London
David Kohn Architecture & Fiona Banner

The Secular Retreat 2014년
Chivelstone, Devon
Peter Zumthor

A House for Essex 2014년
Essex
FAT & Grayson Perry

Life House 2016년
Llanbister, Mid Wales
John Pawson

5

5. 영국 서퍽Suffolk 주에 있는 모래언덕 집The Dune House, 노르웨이 건축 그룹 Jarmund/Vigsnæs AS Arkitekter MNAL 이 설계했다.

© Living Architecture

아름다운 남의 나라 이야기이다. 매혹적인 글쓰기로 한국에서만 100만 부 이상 출판한 스테디셀러 작가이자 철학자가 그 이상 매혹적일 수 없는 집짓기를, 그것도 비영리로 사회적 기여를 목적으로 발 벗고 나섰다는 데 경의를 표하고 싶다. 찰스 왕세자의 건축에 대한 사랑과 국민주택을 위한 실천적인 노력에 더하여, 40대 초반의 알랭 드 보통을 갖고 있는 남의 나라에 대하여 부러움과 동시에 부끄러움을 가지게 되는 건 내가 나이 들어서일까? 20130414

물 위의 집

플로팅 하우스

© Gil Aegerler

물의 계절이다. 올해는 유난히도 장마가 길다. 눅눅해지는 빗물은 지겹지만 방학과 휴가로 찾아간 피서지에서는 물놀이가 한창이다. 물은 사람에게 떼려야 뗄 수 없다. 엄마 뱃속부터 물속에서 놀았고 태어난 몸속에는 70퍼센트가 수분이다. 우리가 사는 지구 표면적의 70퍼센트도 물이고 사는 동안에도 물 없이는 살지 못한다. 전통 풍수에서는 장풍득수藏風得水, 즉 바람을 머물게 하고 물을 얻을 수 있는 장소를 사람살기 좋은 곳이라 하였고, 전통사상인 노자의 도덕경에는 상선약수上善若水, 즉 물은 만물을 이롭게 하면서 서로 다투지 않고 결국에는 낮은 데로 처한다고 하여 최고의 선으로 표현하고 있다. 그래서인지 사람이 물가에 이르게 되면 몸과 마음이 원초적이 된다. 펼쳐진 수평선은 나를 평안하게 하고 잔잔한 물결의 리듬감은 어디론가 나를 이끄는 것 같으며 산뜻한 물소리와 냄새는 아득한 마음의 밑바닥심저, 心底을 어루만지는 듯하다.

물 위의 집Floating Home은 1993년 영화 〈시애틀의 잠 못 이루는 밤〉으로 일약 유명해졌다. 부인을 잃고 아들과 우울한 나날을 보내고 있는 톰 행크스의 집이 시애틀 중심부에 있는 유니온 호숫가Lake Union의 수상가옥이다. 미국의 서북부 끝단 캐나다와 마주한 워싱턴주의 수도 시애틀은 미국인이 가장 살고 싶어 하는 도시다. 이 도시의 유일한 단점이자 또 다른 매력 포인트는 겨울이다. 우리나라 장마처럼 지리하게 내리는 겨울비 때문에 수많은 이들이 잠 못 이루는 밤으로 뒤척이고 있다. 미국 커피의 밋밋한 숭늉 맛을 제치고, 이곳에서 세계 최고의 커피전문점 스타벅스를 탄생시킨 배경이기도 하다.

시애틀 동쪽 캐스케이드 산맥 아래에 있는 커다란 워싱턴 호수에서부터 태평양으로 흐르는 물이 다운타운 한가운데 모여 경치가 아름다운 유니온 호수를 이루고 있다. 영화 속 건축가로 등장하는 톰 행크스의 집은 호수 서편에 있고, 소개하려는 '물 위의 집'은 맞은편 페어뷰 에비뉴Fairview Ave 도로가에 있는 200여 채의 수상가옥 중 하나이다. 시정부에서 환경 보호 문제로 신규 허가를 억제하면서 전망 좋은 이 지역의 집들은 각광을 받고 있다. 단지 북측 끝단에 있는 8채 중 가운데 위치한 이 집은 2008년에 신축되었다. 지정된 도로변 주차장을 거쳐 호숫가 데크를 걸어가면 마치 주택가 골목

1 | 2

1. 미국 시애틀 유니언 호수의 다양한 플로팅 하우스 2. 유니언 호수의 위성사진. 플로팅 하우스가 빽빽이 늘어선 것을 확인할 수 있다.

길에 들어선 것 같다. 좌우로 4채씩 있고 데크 길 끝자락에는 호수의 전경이 펼쳐진다. 여러 가지로 엄격해진 규정을 따르면서 최대한 건축 면적을 확보하려는 건축주의 요구대로 '상자형' 모양이지만, 내부의 각 실, 방들의 용도나 필요에 따라 다양하게 투영된 외관은 꽤나 아기자기하다. 유리와 삼나무, 돌과 시멘트 패널 및 각종 철물들이 필요한 만큼 적절히 비주얼 요소로 조합되어 기존 수상 가옥들 사이에서 새로운 분위기를 자아내고 있다. 거주living의 기능에 더하여 물을 즐기기entertain 위한 집이기 때문에 1층에는 비교적 유동이 적은 침실을 두고, 2층으로 직접 오르면 거실과 식당 등 공용 공간이 원룸 형태로 되어 있다. 거실 남쪽의 발코니로 나서면 남서쪽으로 호수의 쾌적한 경관이 한눈에 들어오고 한편에 있는 나선형 계단을 오르면 사방이 트인 넓은 옥상 데크를 즐길 수 있다.

이러한 3개 층 공간 구조(아래층 침실, 중간층 거실, 위층 갑판 데크)는 호화 요트를 연상시

3~4. 유니언 호수 동쪽 편 페어뷰 에비뉴Fairview Ave 도로가에 있는 플로팅 하우스. 시애틀 건축사사무소 Vandeventer+Carlander Architects 설계 5. 수상가옥의 거실

© Ben Benschneider

© Ben Benschneider

© Ben Benschneider

킨다. 바다 위 수상생활의 고단함이 없는 호숫가에서 '물을 만끽하고 물 위의 생활을 즐기기' 위한 집주인의 의도가 적극 반영된 것이다. 더불어 플로팅을 위한 구조물인 함체pontoon 공간까지도 알뜰하게 부대시설로 이용하고 있다. 흘러간 영화 속 단층짜리 허름한 건축가의 수상가옥과 비교하면 유니온 호숫가에 있는 물 위의 집들이 점차 고급화되고 있음을 알 수 있다.

삼면이 바다이고 계곡, 개천, 강들이 풍성한 우리나라에서도 조만간 물가나 물 위의 생활이 활발해지는 마리나 시대가 열릴 것으로 예측하고 있다. 이를 사업화하려는 수많은 프로젝트들도 곳곳에 벌어지고 있다. 손쉬운 서해안 간척사업으로 일확천금하려는 것에서부터 중국과의 교역을 발판으로 밑도 끝도 없는 큰 그림을 그리는 사업들

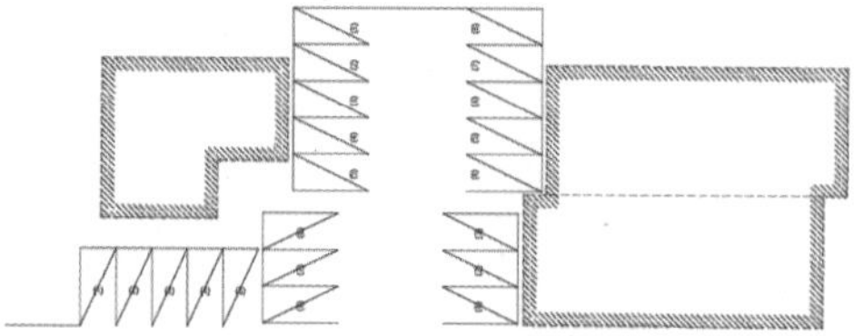

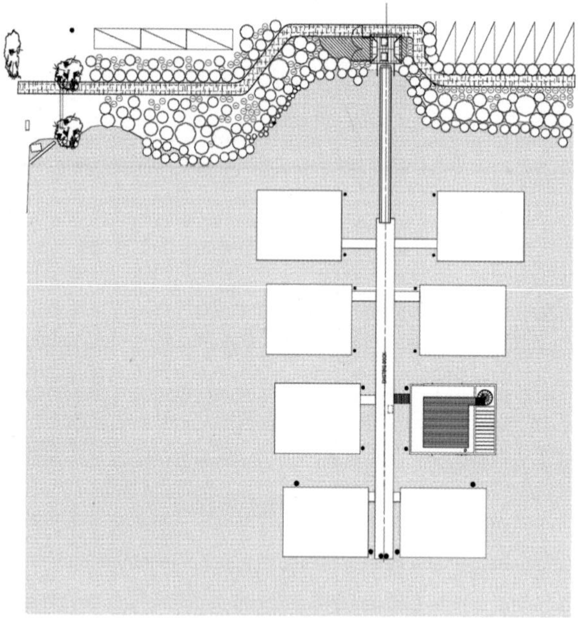

배치도

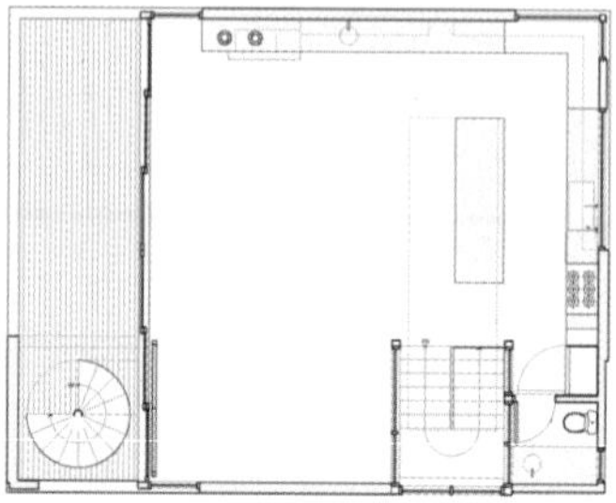

3층 평면도

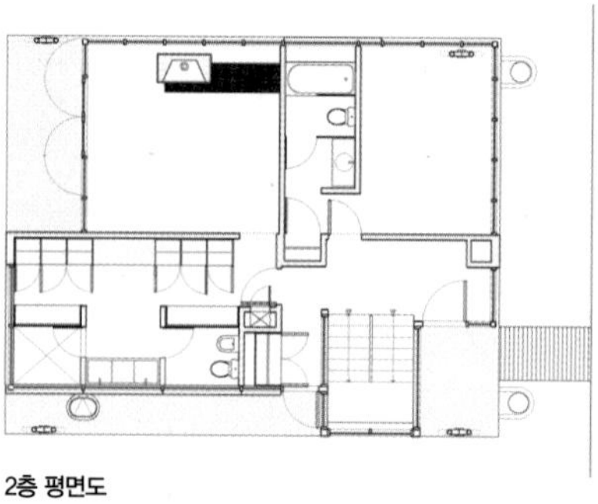

2층 평면도

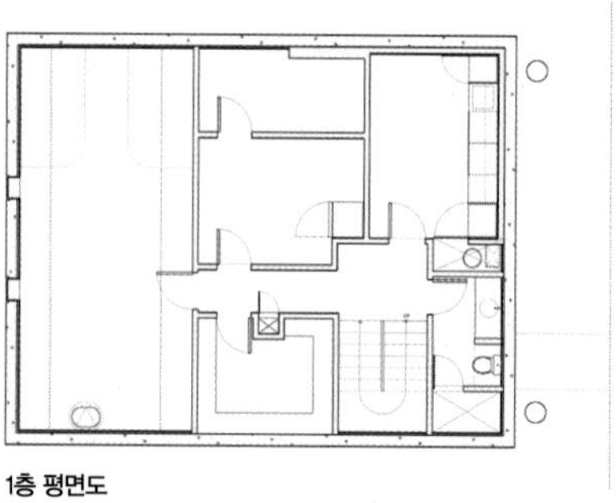

1층 평면도

까지 우리나라의 자랑인 길고 긴 해안선 주변을 들썩이고 있다. 최근 몇몇 대형 사업들이 좌초되는 바람에 애꿎은 주민들의 피해만 늘어나고 있는 것도 현실이다.

이런 가운데 가장 말도 많고 탈도 많았던 새만금 사업이 1989년 노태우 대통령 공약으로 시작된 지 24년 만에 본격화되었다. 차관급으로 승격된 새만금개발청은 2013년 9월 1일부터 업무를 시작했다. 바다 위 도시를 구축하여 새로운 황해시대를 맞이하려는 취지에 맞춰 첫 사업으로 '바다 위 청사Floating Office'를 준비 중이다. 이를 위해 2011년부터 국토해양부 주관하에 군산대학교를 주축으로 '플로팅 건축 연구단'을 출범시켰다. 우리나라 수 공간에 적합한 물 위의 집을 기본적인 구조에서부터 에너지, 인프라, 입지, 친환경, 사업성, 디자인에 이르기까지 종합적으로 연구하고 있다. 이 연구를 바탕으로 새만금개발청의 청사 건축을 물 위의 집 시범사업으로 진행할 예정이다.

성경에 나오는 노아의 방주가 변덕스러운 지구환경으로부터 물 위에서 인류를 구해 내 듯이 한반도 좁은 땅덩어리에서 나아가 더 큰물과 더불어 살 수 있을 때 우리나라의 삶이 더욱 풍요로워질 것이다. 20130811

© Ben Benschneider

6 | 7

6. 수상가옥 입면도와 평면도
7. 수상가옥 내 주방

물 위의 집, 플로팅 홈

문창호(플로팅건축연구단 단장, 군산대 건축공학과 교수)

© Gil Aegerler

플로팅 홈은 원래 대지가 없는 저소득층 사람들이 물 위에 짓고 살던 집이다. 벌목공들이 자투리 통나무로 뗏목을 만들고 상부에 집을 지었다. 상하수도가 제대로 갖춰지기 전의 플로팅 홈은 환경오염원으로서 행정기관으로부터 철거 대상으로 간주되었던 건물 타입이었다. 그러나 주민들은 시 당국과의 투쟁과 협상을 통하여 상하수도, 전기 등을 설치하면서 플로팅 홈 주거단지는 쾌적한 주거 환경으로 탈바꿈하게 된다. 이제 플로팅 홈은 평안한 자연환경 속에 존재하는 독특하고 개성 있는 고급주택으로서 인정을 받고 있다.

시애틀의 경우 자연환경보호 정책으로 인하여 신축이 금지되어 기존 플로팅 홈의 가치가 치솟고 있다. 요즘에는 고소득층 사람들이 작고 좁고 낡은 기존 플로팅 홈을 구입하여 수준 높은 주택으로 재건축하여 사용하고 있다. 환경을 중시하고 물을 즐기고자 하는 사람들로부터 플로팅 홈이 각광을 받고 있는 것이다.

플로팅 건축은 기후 변화에 따른 바닷물/강물의 수위 변화에 대응이 가능하다. 즉, 홍수 때 플로팅 홈은 살아남을 확률이 높다. 또한 소득 증대로 인하여 수상 레저 활동이 증가하면 플로팅 건축의 수요가 급증할 것으로 예상된다.

2013년 여름 미국 뉴저지의 Sea Village Marina라는 60여 호의 플로팅 홈 주거단지를 답사했는데, 2012년 10월 허리케인 샌디Sandy의 영향으로 플로팅 홈이 전반적으로 좌초한 것을 목격하였다. 주민들은 전부 다른 곳으로 이주한 상태이고, 전체적인 집 수리를 기다리고 있다. 물론 육지의 주택들도 많은 피해를 입을 정도로 허리케인이 강력했던 것도 사실이다.

플로팅 홈 주거단지가 허리케인에 많은 피해를 입은 것은 충분한 기술적 뒷받침이 없었기 때문이다. 특히 주택보다는 보행로가 많이 파손되었는데 엉성한 계류시설이 원인으로 보인다. 플로팅 건축을 위한 체계적인 연구 개발이 필요한 이유이다. 국토교통부 지원으로 군산대, 한국해양대, 전남대 건축과 교수진이 팀을 이룬 플로팅건축연구단이 다각적으로 관련 기술을 연구 개발하고 있다.

글에 소개된 '새만금개발청'은 나의 희망사항이 피력된 것이다. 새만금 사업이 제대로 추진되려면 새만금개발청이 새만금 내부에 플로팅 건축으로 건축되는 것이 꼭 필요하다고 생각했기 때문이다. 현재는 새만금개발청이 세종시에 자리를 잡고 있는데, 제대로 역할을 할 수 있을까 걱정이 된다.

국민소득이 올라가면서 사람들은 더욱 물을 즐기고 물에서 살고 싶은 욕구가 넘칠 것으로 예상된다. 머지않은 장래에 연안, 호수, 강 등의 평화로운 풍경에 한가롭게 각종 요트, 카누, 보트 등을 즐기는 장면을 배경으로 다양한 형태의 플로팅 건축이 펼쳐질 것을 기대한다.

*알림
본문에 인용한 사진들은 각각 저작권 표시를 하였고, 제공받은 사진 및 출처가 필요한 자료들은 아래에 표기합니다.

25쪽 My Harvard Classics, LLC
49, 52쪽 LH공사
54, 61, 245쪽 google map
59, 64, 65, 68쪽 대안건축연구소
75쪽 나카에아키텍츠
85, 86, 87, 88, 91쪽 살둔 제로에너지 하우스
95, 96, 97, 102, 103쪽 도시농부 타운하우스
121쪽 국가기록원
122쪽 중앙포토
127쪽 래미안 퍼스티지
143쪽 건축도시공간연구소
163쪽 https://usfsbblog.wordpress.com/
164, 169쪽 Provincia di Verona
166쪽 Italy Guides.it
168쪽 https://usfsbblog.wordpress.com/
174, 177, 180, 181쪽 nicor/wikicommons
183, 184, 185, 188, 189, 190, 191쪽 Prince's Foundation for Building Community
193, 195, 197쪽 www.president.go.kr
203쪽 창덕궁 안내 브로슈어
223, 224, 225, 226, 227, 229쪽 PAPI Dream Home
243, 244, 247, 248, 249쪽 www.sargfabrik.at
250, 251쪽 소행주
253, 259쪽 포스코 A&C

집을 생각하다

1판 1쇄 인쇄 2016년 9월 26일
1판 1쇄 발행 2016년 10월 4일

지은이 최명철
펴낸이 고영수

경영기획 이사 고병욱
기획편집2실장 장선희 **책임편집** 장선희 **기획편집** 양춘미, 이새봄, 김소정
마케팅 이일권, 이석원, 김재욱, 이봄이 **디자인** 공희, 진미나, 김민정
제작 김기창 **관리** 주동은, 조재언, 신현민 **총무** 문준기, 노재경, 송민진

펴낸곳 청림출판(주)
등록 제1989-000026호

본사 06048 서울시 강남구 도산대로 38길 11 청림출판(주) (논현동 63)
제2사옥 10881 경기도 파주시 회동길 173 청림아트스페이스(문발동 518-6)
전화 02-546-4341 **팩스** 02-546-8053
홈페이지 www.chungrim.com **이메일** life@chungrim.com
블로그 chungrimlife.blog.me **페이스북** www.facebook.com/chungrimlife

ISBN 978-89-97195-81-7 (03610)

※ 이 도서의 국립중앙도서관 출판예정도서목록(CIP)은 서지정보유통지원시스템 홈페이지(http://seoji.nl.go.kr)와 국가자료공동목록시스템(http://www.nl.go.kr/kolisnet)에서 이용하실 수 있습니다.(CIP제어번호: CIP2016006713)